T.B. HANA

„PAPA, IST DIE EU GUT FÜR UNS?“

Ein Gespräch am Strand zwischen Vater und Tochter über Machenschaften und Manipulationen in der Wirtschaft, der Europäischen Union und verlorene Moral in der Flüchtlingskrise.

Der Autor ist ehemaliger Hotelmanager und seit über zwei Jahrzehnten in der Immobilienbranche als Vermittler, Projektentwickler und Sachverständiger tätig.

Seit 15 Jahren hält er Vorträge über Altersvorsorge, Renten und Finanzierungen.

Er ist international vernetzt und hat auf seinem beruflichen Weg Millionäre und Milliardäre kennengelernt.

In vielen Gesprächen und durch eigene Erlebnisse ist er immer wieder auf die Vernetzungen von Wirtschaft und Politik gestoßen.

Seine Tochter studiert in Norddeutschland und steht kurz vor ihrem Master-Abschluss. Neben ihrem Studium ist sie seit einigen Jahren in der Betreuung von Heimkindern tätig und spielt leidenschaftlich gern Fußball.

Dieses Buch widmen wir unserer Familie.

In der Vergangenheit, der Gegenwart

und einer hoffentlich friedlichen Zukunft.

Impressum:

Bibliografische Information der Deutschen Nationalbibliothek:
Die Deutsche Nationalbibliothek verzeichnet diese Publikation in der Deutschen Nationalbibliografie; detaillierte bibliografische Daten sind im Internet über http://dnb.de abrufbar.

Management: C.F.

Danke an die beste Mutter, die beste Tochter, die beste Frau und unsere Familien

Herstellung und Verlag: BoD – Books on Demand, Norderstedt

ISB-N: 978-3-7412-2553-6

Inhaltsverzeichnis:

PROLOG

„Habe stets Respekt vor dir selbst, Respekt vor anderen und übernimm die Verantwortung für deine Taten."

(Buddha)

An einem schönen, warmen Urlaubstag sitzen meine Tochter und ich in einer kleinen Bar am Sonnenstrand in Bulgarien. Wir hatten gerade unsere Drinks bekommen, als sie mir nach einem Blick über die vielen fröhlichen Menschen am Meer folgende Frage stellt:

„Papa, ist die EU gut für uns?"

Ach, beste Tochter der Welt. Das ist eine lange Geschichte. Ich versuche mal, es dir mit meinen Worten zu erklären. Dazu gehen wir aber in der Geschichte etwas zurück.

Du erinnerst dich sicher an unsere Familienfeiern. Das waren und sind immer schöne Feste. Einige von uns sind inzwischen verstorben und neue Familienmitglieder sind hinzugekommen. Die Art des Umgangs miteinander ist dabei seit Jahrzehnten stets gleichgeblieben.

Typisch für diese Feiern sind bis heute die Freundlichkeit und Herzlichkeit untereinander. Natürlich gab es auch mal Streit und natürlich waren nicht alle in unserer Familie immer nett.

Was uns aber immer vereinte, waren gleiche Werte. Jeder wusste, wenn er selbst oder ein anderer etwas falsch gemacht hatte.

Es war ein gemeinsames Wissen, eine stille Übereinkunft, was richtig und was falsch ist. Resultierend aus Erziehung, Wissen, Traditionen und einer gemeinsamen Kultur. Wenn man sich falsch verhalten hatte, wurde darüber gesprochen, man entschuldigte sich und die Sache war erledigt.

Als wir älter wurden reisten wir oft im Urlaub durch ganz Europa. Dabei waren wir immer häufiger mit unseren Freunden und nicht mehr mit den Eltern unterwegs. So, wie du es heute auch machst.

In der Zeit von 1976 bis 1982 bin ich fünf Mal Interrail gefahren. Man kaufte ein Ticket bei der Bahn und konnte dann einen Monat durch ganz Europa und Marokko fahren. Es kostete im Jahr 1976 für einen Monat 280,--DM. Später 330,--DM und heute sind es 515,--€. (1)

„Also in etwa 1.000,--DM. Rund viermal soviel wie 1976?"

Ja. Angeblich ist ja fast nichts teurer geworden, seitdem wir den Euro haben. Aber auf diese glatte Lüge kommen wir noch. Auf jeden Fall gingen wir schon damals bei unseren Reisen ohne Vorurteile auf andere Menschen zu. Rechts war überhaupt niemand von uns.

An den Grenzen wurde noch kontrolliert, aber keiner fand die Grenzkontrollen lästig. Man zeigte seinen Pass und fertig war man mit dem Grenzübertritt. Es war einfach toll, neue Menschen, Länder und Kulturen kennenzulernen. Wir sammelten sogar die verschiedenen Geldscheine als Souvenir.

Unterwegs lernten wir Italiener, Spanier, Portugiesen, Dänen, Franzosen, Engländer, Schotten, Iren, Schweden, Norweger und viele andere kennen. Internationale Freundschaften entstanden, die zum Teil bis heute anhalten. Später kamen unsere russischen, rumänischen und bulgarischen Freunde dazu. Unterwegs hatten wir viel Spaß zusammen und in den insgesamt 20 Wochen, die ich in ganz Europa unterwegs war, gab es nicht einen einzigen negativen Zwischenfall.

Auch unter uns jungen Europäern hatten wir ein gemeinsames Wissen, was richtig und was falsch ist. Dieses Wissen resultierte offensichtlich aus einer ähnlichen Erziehung, Tradition und Bildung in ganz Europa. Das sehe ich allerdings erst aus heutiger Sicht so– damals empfanden wir das als normal.

Das Leben besteht allerdings nicht nur aus Urlaub. Wie du weißt, benötigst du in Deutschland und allen anderen europäischen

Ländern einen Schulabschluss, eine Ausbildung oder ein Studium.

Die Jungs mussten zu meiner Zeit auch noch zum „Bund" und fast niemand hat versucht, diesen Pflichten aus dem Weg zu gehen.

Ich kenne auch niemanden, der die Bundeswehrzeit unerträglich fand. Es bestand eine gute Kameradschaft, man lernte, sich mit anderen zu arrangieren und wurde teamfähig. Wir haben in der Zeit viel gelacht.

Rückblickend war diese Zeit für mich und viele meiner Freunde eine sinnvolle Erfahrung. Auch hier waren wir uns aufgrund gleicher Werte ähnlich. Zusagen wurden eingehalten, man respektierte sich und wenn einer mal Unfug machte, sorgte die ganze Gruppe dafür, dass man sich darüber unterhielt und die Sache aus der Welt schaffte.

Mädchen mussten zwar nicht zum Bund aber niemand fand das ungerecht. Wir akzeptierten es und die Mädchen respektierten wir ohnehin. Sie gehörten, nach unserer damaligen Vorstellung, nicht an Waffen und in den Krieg. Wir verstanden uns, in diesem Punkt, eher als beschützende Gentlemen.

Nach 9 bis 13 Jahren Schule, 15 bis 18 Monaten Bundeswehr oder Zivildienst und 3 bis 6 Jahren Ausbildung oder Studium ging es hinaus in die Welt.

Wenn man einen Zollstock nimmt und sich 85 cm ansieht, diese 85cm dann als Lebenszeit in Jahren betrachtet, ergibt sich ein nur kleiner Teil als Kindheit, Jugend und Ausbildungszeit. Das ist die Zeit, in der man als Mensch geprägt wird.

Danach hast du immer noch rund 60cm Zeit in deinem Leben, um zu zeigen, wie gut du gelernt und dich entwickelt hast. Natürlich gönne ich dir und allen anderen Menschen 100 und mehr Zentimeter an Lebenszeit. Die Weichen für dein Leben und die Prägung deines Charakters liegen allerdings immer zwischen deiner Geburt und deinem 20. bis 25. Lebensjahr.

Laut einer seriösen Studie aus dem Jahr 2006 ist die Prägung der Menschen und die Basis der Intelligenz sogar ab dem 16. Lebensjahr nahezu abgeschlossen. Die Studie lief über einen Zeitraum von 20 Jahren und wurde von dem renommierten Psychologen und späterem Professor Wolfgang Schneider aus Würzburg durchgeführt. (2)

Es entwickelt sich aber nicht immer alles so, wie man es sich in der Jugend erträumt hat. Man stellt fest, dass es im Leben auch hart zugehen kann, dass man kämpfen muss, aber auch, dass man nicht aufgeben sollte. Man sammelt mehr und mehr sowohl positive als auch negative Erfahrungen. Das nennt sich dann...

„Erwachsen werden".

So ist es. Als Erwachsener profitiert man dann weiterhin von einem vernünftigen Elternhaus, seinen schulischen und beruflichen Leistungen und einer guten Erziehung und Prägung.

Ehrlichkeit, Freundlichkeit und die Fähigkeit frei von Vorurteilen durch das Leben zu gehen gehören dazu. Man sollte allen Menschen eine und unter Umständen auch eine zweite Chance geben. Dazu gehört auch, dass man anderen zuhört und eventuell eine andere Meinung akzeptiert. Nicht nur sich selbst zu sehen und seine Vorteile auf Kosten anderer zu realisieren. Das nennt sich dort, wo wir herkommen....?

„Du meinst sicher...Anstand?“

Richtig, beste Tochter, das ist Anstand! Und den vermisse ich in den heutigen Zeiten immer mehr. Mir wurde einmal beigebracht:

Wenn du sagst, du kommst um 14 Uhr, dann kommst du um 14 Uhr.

Wenn du dir nicht sicher bist, sagst du, dass du es nicht garantieren kannst aber alles versuchen wirst.

Wenn du aber nicht kommen willst, dann sagst, du, dass du nicht kommst.

„Das gilt eigentlich für Alles im Leben.“

Richtig. Zusagen einhalten aber auch ehrlich sagen, wenn man etwas nicht will ist Anstand. Das erfordert keinen großen Mut und zeugt von Respekt gegenüber seinen Mitmenschen.

Wir machten uns damals wenig Gedanken über Politik und Wirtschaft. Das waren Dinge für die Älteren. Wir waren lieber im Schwimmbad, beim Sport, am Strand oder organisierten unsere Partys. So wie du vor einigen Jahren.

Erst als ich erwachsen war und selbst aktiv im Wirtschaftsleben tätig wurde, erfuhr ich immer mehr über die Mechanismen der Unternehmen, der Banken und ihre Verbindungen zur Politik.

Ursprünglich versuchten Firmen ihre Produkte über Qualität und guten Service zu verkaufen, dies führte zu neuen Entwicklungen und weiteren, besseren Produkten.

Leider stellen meine Freunde, unsere Familienmitglieder und ich heute fest, dass es der Wirtschaft offensichtlich nicht mehr nur um bessere Qualität der Produkte und Fairness für die Verbraucher geht.

Stattdessen hat ein regelrechter Wirtschaftskrieg gegen die Konsumenten begonnen. Fast alle Waren werden heute psychologisch verkauft, über manipulative Werbung und durch Manipulation von Mengen, Größen und Preisen. Oder es wird einfach gelogen. So, wie bei dem Verbrauch oder den Abgaswerten von Autos. Andere bauen ihre Produkte so zusammen, dass sie nach einiger Zeit wieder kaputt gehen usw.

Und egal in welchem Land du lebst, die gewohnten Portionen im Supermarkt, die du seit Jahren kennst sind plötzlich kleiner. Statt 200g nur noch 180g, statt 250g nur noch 200g. Alles natürlich zu den alten oder höheren Preisen. Diverse Mengen an die man sich im Laufe eines Lebens gewöhnt hat werden einfach reduziert.

Lebensmittel sind teilweise nur noch künstlich angereichert, von echten Erdbeeren in manchen Joghurts gibt es kaum noch eine Spur, obwohl sie als Erdbeer-Joghurt verkauft werden. Dabei enthalten sie dann zum Beispiel Erdbeer-Aroma. Und das kann viel billiger im Labor hergestellt werden.

In Supermärkten sind sogar die Wege und die Platzierungen der Waren manipulativ. Damit du so viel Geld wie möglich dalässt. Mach dir zuhause eine Liste, was du unbedingt kaufen musst und schaue später, was du noch alles dazu geholt hast. Wenn es sehr viel mehr ist, dann bist du unbemerkt auf diverse Manipulationen hereingefallen.

Nun musst du wissen, dass große Unternehmen genug Geld haben. Sie verfügen über ganze Heerscharen von Anwälten, Psychologen, Trendforschern und viele weitere Experten. Dazu gehören auch Demografieforscher.

„Was erforschen die?“

Demografieforscher untersuchen die Entwicklungen der Bevölkerungszahlen.

Sie und ihre Auftraggeber, die Unternehmen aber auch die Politik, wissen seit Jahrzehnten wohin sich unsere Bevölkerungszahlen entwickeln.

Heute hört man zum Beispiel viel von den Babyboomern...

Kapitel 1

DIE BABYBOOMER

„Es ist leicht geboren zu werden – aber schwer ein Mensch zu werden“

(Japanische Lebensweisheit)

„Stimmt, was sind eigentlich die Babyboomer?“

Das ist schnell erklärt. Nach dem Ende des zweiten Weltkrieges kamen Millionen Soldaten nach Hause und das Leben vieler Menschen beruhigte sich. Nach den Jahren im Krieg gab es die menschliche Sehnsucht nach Frieden, Wohlstand und Sicherheit. Die Familiengründung war ein Wunsch, den fast alle Menschen verfolgten. Und so kamen in kurzer Zeit viele Kinder auf die Welt. Das betraf alle westlichen Länder, die USA und Japan.

„Also genau die Länder, die vorher in den II. Weltkrieg verwickelt waren?“

Genau. Es entstand eine Generation von Nachkriegskindern, die man aufgrund ihrer großen Anzahl heute als Babyboomer bezeichnet. Gemeint sind die Jahrgänge von Mitte der 40er bis Mitte der 60er Jahre. Dazu gehöre ich auch. Entstanden durch den menschlichen Wunsch, die Hoffnung und Zuversicht, dass man nie wieder so schlechte Zeiten wie im vergangenen Krieg erleben muss.

Die Babyboomer prägten zunehmend die Wirtschaft, denn Unternehmen brauchen Konsumenten.

Daher reagieren sie sehr schnell auf die Möglichkeiten Umsatz zu machen. Einer der ersten prägenden, wirtschaftlichen Erfolge dieser Generation war, zum Beispiel, ein neuer Musikstil. Am Anfang von den Älteren noch belächelt oder sogar komplett abgelehnt aber aufgrund immer höherer Verkaufszahlen schnell von der Wirtschaft als Umsatzbringer erkannt und gefördert, in die Medien gebracht und dadurch stetig weiter verbreitet...

„...der Rock-`n`-Roll?“

Richtig. Parallel wurde auch das Surfen ab ca. 1952 in den USA populär und entwickelte sich zu einer neuen Trendsportart und einem Lebensgefühl der Jugend. Technische Neuerungen für Haushalt, Freizeit und Autos kamen aus allen Richtungen, es gab einen europa- und amerikaweiten Bauboom für junge Familien, die Musikindustrie lieferte die Songs dazu und alle verzeichneten immense Umsätze. Fast Food kam in Mode, McDonald`s wuchs rasant und ebenso ging es den Pizza Ketten, Autoherstellern, Banken und anderen.

Der Konsum von Marihuana und immer härteren Drogen wurde nahezu salonfähig. Das Ganze gipfelte in dem Woodstock Konzert von 1969.

Es war eine der größten Musikveranstaltungen, die von der Babyboomer Generation besucht wurde. Die Veranstalter hatten die Menge der Teilnehmer völlig unterschätzt. Sie erwarteten etwa 50.000 Besucher. Es kamen aber über 500.000 aus der ganzen Welt.

In den 70ern endete dann auch der Vietnam Krieg. Nicht nur aufgrund der katastrophalen Fehleinschätzungen der amerikanischen Militärs, die den Willen des vietnamesischen Volkes völlig unterschätzt hatten, sondern auch aufgrund der großen Anzahl von jungen Menschen, die weltweit gegen diesen Krieg protestierten. Die GI's waren übrigens im Durchschnitt erst 19 Jahre alt. Also ebenfalls aus dieser Generation.

„Die Babyboomer waren in der westlichen Welt also eine gesellschaftliche Macht geworden?“

Genau. Weil sie zusammenhielten. Die USA mischen sich schon seit über hundert Jahren laufend in die inneren Angelegenheiten anderer Länder ein. Hier bekamen sie eine Quittung für dieses unmögliche Verhalten.

Es gab schon damals viele junge Leute, die den Kapitalismus ablehnten, weil sie den Banken, der Wirtschaft, den Politikern und eben auch den Militärs nicht so sehr trauten.

Das waren mal die kritischen Linken, deren Kritiken sicher auch berechtigt waren. Die heutigen Linken streben wohl eher Chaos an – die Linken von damals waren meist sehr intelligent und durchschauten viele Manipulationen und Ungerechtigkeiten. Ich würde mir von den heutigen Linken wünschen, dass sie mal für die Rentner, gegen die Armut in Deutschland, gegen die steuerlichen Ungerechtigkeiten, die Manipulationen von Presse und Wirtschaft usw. kämpfen. Statt dessen fallen sie eher durch aggressives, intolerantes Verhalten auf und sind selbst leicht manipulierbar.

Von konsequentem, durchdachtem und friedlichem Widerstand gegen Ungerechtigkeiten in der Welt sind viele weit entfernt.

Die jungen Menschen von damals wurden aber auch irgendwann Eltern, hatten einen Beruf, ein Haus und Kredite, die getilgt werden mussten. Sie wechselten zu ein oder zwei Autos, statt weiterhin mit dem Fahrrad oder mit dem Bus zu fahren. Sie wurden älter und der Kampf um die tägliche Existenz oder das Streben nach Wohlstand ließ nicht mehr viel Zeit für politische Aktionen oder Demonstrationen.

Ein gutes Beispiel für die Veränderungen der Menschen im Alter ist ja auch der ehemalige Politiker der Grünen namens Joschka Fischer, der früher an Straßenkämpfen teilnahm, sich als politisch links betrachtetet und heute Unternehmer und Kapitalist ist.

Wie du siehst, im Laufe des Lebens verändern sich die Prioritäten der meisten Menschen und die Rufe nach „make love - not war" wurden immer leiser.

„Das wird den heutigen Linken sicher nicht viel anders ergehen.“

Das geht eigentlich fast allen Menschen so. Mir ebenso und sicher wirst auch du einige Sichtweisen im Alter ändern. Das Wort Jugendsünden kommt ja nicht von ungefähr.

Man macht in der Jugend Dinge, die man später nicht mehr macht.

Ich kannte in der Vergangenheit Kommunisten, Punks, Popper, Rocker und viele mehr. Heute sind alle etablierte Familienväter mit Haus, Kindern und zum Teil guten Jobs. Sie lächeln nur noch über ihre „wilden Zeiten.“

Wichtig ist aber, sich dabei nicht selbst zu verraten und sein eigenes Verhalten immer wieder zu überdenken. Fehler sollte man sich dabei immer eingestehen.

In den 80ern wurden die Babyboomer dann älter und wollten das nicht unbedingt wahrhaben. Also schossen Fitness-Studios aus dem Boden und in den 90ern hatten „Schönheits Op`s" ihre Anfänge. Jetzt ging es auch darum, den erarbeiteten Wohlstand zu halten und zu mehren.

Man machte Geschäfte. Viele Menschen investierten in diesen Zeiten in Aktien. Man spekulierte und die früheren kritischen Rufe nach „no capitalism" waren ebenfalls Geschichte. Das Streben nach einem erfüllten Leben ohne finanzielle Sorgen liegt schließlich fast allen Menschen im Blut.

Die wirtschaftlich erfolgreichste Form des Zusammenlebens von Paaren in den 90ern wurde übrigens als „DINKS" (double income - no kids) bezeichnet. Das war richtig in Mode. Zwei Einkommen, keine Kinder, die zuhause betreut werden müssen.

Die Unternehmen hatten dadurch die Wahl zwischen vielen Arbeitskräften. Und das führt dazu, dass man die Löhne niedrig halten kann. Gleichzeitig gab es viele Haushalte mit doppeltem Einkommen. Zum Konsum! Den Banken und Firmen schien das sehr zu gefallen. Hinzu kam all die Jahre eine Politik, die seit Jahrzehnten der Wirtschaft hinterherläuft und keine Anreize mehr für die Geburt von Kindern geboten hat.

Die anfangs genannten Demografieforscher, die Politik und die Unternehmen wissen also seit Jahrzehnten, dass die Bevölkerung in fast allen europäischen Staaten, den USA und Japan schrumpft.

Jetzt gehen diese Babyboomer aber in Rente und hinterlassen im Schnitt pro Paar 1.4 Kinder. Denn seit den 60ern gab es auch noch die „Pille“ und so konnte man Sex ohne die Konsequenz einer Geburt ausleben.

Rentner mit weniger Geld sowie stetig schrumpfende Einwohnerzahlen führen aber zu weniger Konsum - etwas, was die Wirtschaft gar nicht mag. Rentner benötigen nicht mehr jedes Jahr die neueste Mode, den dritten Fernseher, das neue Auto. Und ihre Immobilien haben sie in den meisten Ländern auch schon abbezahlt.

Nur die Deutschen, die allgemein als vermögendes Volk angesehen werden, stehen beim Immobilieneigentum an vorletzter Stelle in

Europa. Die Mehrheit der Europäer lebt in den eigenen vier Wänden.(1)

Kapitel 2

DEUTSCHE ARMUT

„Die Wahrheit hat immer eine leise Stimme“

(Japanische Weisheit)

„Wir stehen an vorletzter Stelle?“

Ja, die Mehrheit hier zahlt schön brav Monat für Monat die Miete und finanziert dadurch einer anderen Person zukünftigen Wohlstand. Wie du weißt, bin ich seit über 20 Jahren in der Immobilienbranche und beschäftige mich natürlich damit.

Noch in den 60ern war der Wunsch nach dem eigenen Haus sehr präsent in Deutschland. Nahezu 100% wünschten sich das. Ich habe einige Monatshefte von 1960 in denen ein Artikel darüber steht. Damals war es der oberste Wunsch aller, eine Familie zu gründen und ein Haus zu erwerben.

Aber das hat man den deutschen Bürgern über die Medien aus den Köpfen gewaschen. Jahrelang war nur zu lesen, dass man als Mieter viel freier sei, wenn man zum Beispiel beruflich bedingt umziehen müsste und der Unterhalt eines Hauses sei ja teuer usw.

„Mit Blick auf den Arbeitsmarkt erscheint eine hohe Wohneigentumsquote sogar nachteilig. Denn wer erst mal im eigenen Häuschen wohnt, wird eher zögern, für den Job die Stadt zu wechseln, als ein Mieter.“ schrieb zum Beispiel der Spiegel in einem Bericht am 04.07. 2009 (1)

„Also sind Mieter eher im Interesse der Arbeitgeber?“

Steht so im Spiegel. Nirgendwo stand, dass die Vermieter jedes Jahr durch Wertsteigerungen und Mieteinnahmen ein Stück reicher wurden.

Und gehe ruhig davon aus, dass viele Inhaber von Medienunternehmen einen großen Teil ihres Geldes in Mietwohnungen und selbstgenutzte Immobilien investiert haben.

„Während sie ihren Lesern davon abrieten?“

So ist es. Bei meinen Vorträgen habe ich die Teilnehmer immer gefragt, ob sie nicht alle gern den Großvater gehabt hätten, der schon vor Jahrzehnten Immobilien in Hamburg oder London gekauft hätte. Alle lachten und antworteten:

„Natürlich!"

Und auf meine Frage:

„Warum denn?"

kam regelmäßig die Antwort:

„Weil wir dann heute reich wären."

Und das ist auch richtig so. Es wurde den Bürgern nur jahrzehntelang nicht erzählt. Ich habe sie dann gefragt, warum sie nicht heute damit anfangen – denn in 20 Jahren ist es wieder genauso. Alle würden sich ärgern, dass sie heute nicht gekauft haben. Viele meiner Zuhörer haben das verstanden und bis heute bedanken sich ehemalige Kunden, weil sie in den letzten 10 oder 20 Jahren beste Gewinne mit Immobilien gemacht haben.

Man sollte sich natürlich vor einem Kauf immer professionell beraten lassen. Die Eigentumsquote in Deutschland liegt übrigens bei bescheidenen ca. 50%.

„So wenig?“

Ja, die Schweden liegen bei rund 65%, Holländer sind bei knapp 70%, Spanier und Norweger haben zu rund 80% Immobilien-eigentum.

In Litauen, Kroatien oder Ungarn liegt die Quote bei rund 90%.(2)

In Rumänien liegt sie sogar bei fast 100%. Mir hat einmal ein Rumäne erzählt, dass ein Mieter dort als armer „Penner" gilt...

„Dazu kommen dann noch die extrem niedrigen Renten in Deutschland.“

Auch das ist richtig. Übrigens wissen nur die wenigsten Deutschen, wie sie ihre Rente berechnen. Um eine volle Rente zu erhalten, benötigt man 45 Rentenpunkte.

„Und wie bekommt man einen Rentenpunkt?“

Einen vollen Rentenpunkt erhält ein Arbeitnehmer, wenn er zum Beispiel im Jahr 2017 ein Bruttogehalt von 36.267,--€ hatte.

Im Jahr 2018 benötigt man schon ein Gehalt von 37.077,--€.

Jetzt im Jahr 2019 sind es 38.901,--€, die man verdienen muss, um einen Punkt zu bekommen. (3)

„1.800,--€ mehr als im Vorjahr? Wer soll das denn jedes Jahr schaffen“

So ist es. Still und fast unbemerkt werden nämlich von unserer Regierung seit Jahrzehnten die Bruttogehälter, die man benötigt um einen Punkt zu bekommen, jedes Jahr erhöht. Normalerweise müssten fast alle Arbeiter und Angestellte jeden 1. Januar zum Chef und um mehr Gehalt bitten.

Hast du weniger Einkommen, dann gibt es auch keinen vollen Punkt. Sondern vielleicht nur einen halben...

„Ich habe mal von einem Eckrentner gehört. Was ist das denn?“

Behörden und Politiker reden häufig von einem Eckrentner. Den gibt es aber so gut wie gar nicht.

Ein Eckrentner erfüllt folgende, nahezu unmögliche, Bedingungen:

45 Jahre hat er Beiträge in die Rentenversicherung eingezahlt.

„Das bedeutet, dass er von seinem 20-65 Lebensjahr durchgehend gearbeitet hat?“

Richtig und jedes Jahr hat er das Durchschnittsgehalt aller Versicherten erreicht.

„Das bedeutet, dass er 45 Jahre lang immer gut verdient hat und jedes Jahr mehr Gehalt bekommen hat?“

Genau...

„Also ein Idealfall?“

Ja. Er hat also alle genannten Punkte erreicht, war nie länger krank, oder arbeitslos, hat nie einen Job mit weniger Gehalt gehabt. Alles lief 45 Jahre ideal.

„Und als Frau nie zwei oder drei Kinder bekommen...“

Stimmt. Es gibt allerdings Punkte pro Kind. Ob das aber ausreicht, um die Jahre der Kindererziehung mit weniger Verdienst auszugleichen sei dahingestellt. Und wenn man lange studiert, so, wie du, dann muss man später sehr gut verdienen, um die Jahre wieder aufzuholen.

Beginnt andererseits jemand mit 17 Jahren eine Ausbildung hat er zwar mehr Zeit als ein Studierender, bekommt aber meistens nach der Ausbildung nicht genug Gehalt um den Durchschnitt zu erreichen.

„Und wie hoch sind die Renten in Deutschland jetzt wirklich?“

Frauen hatten im Jahr 2018 eine Durchschnittsrente von lächerlichen 622,--€ in den alten Bundesländern und 928,--€ in den neuen Bundesländern.(4)

„Warum haben die Rentner im Osten eigentlich mehr?“

Weil im Osten fast niemand arbeitslos war. Das war dort nicht vorgesehen und so haben viele berufliche Lebensläufe ohne Pausen.

Die Männer im Westen liegen bei etwas über 1.000,--€ und 1.100,--€ im Osten. Wenn man dann noch 400-500,--€ Miete zahlen muss, statt in den eigenen vier Wänden zu leben, wird das Leben...

„...sehr, sehr schwer!"

Die kaum erreichbare Eckrente aus dem Jahr 2017 lag allerdings auch nur bei 1.200,--€. (5)

Das schön gerechnete Durchschnittseinkommen der Deutschen liegt aber bei ca. 3.100,--€. Somit hätte sogar der ideale Eckrentner nur 45% seines alten Gehalts. Und dieser Satz soll noch weiter reduziert werden.

Mir persönlich sind allerdings wenig Deutsche bekannt, die 3.100,--€ verdienen. Die Mehrheit meiner ehemaligen Kunden hatte weniger. Der Eckrentner ist also tatsächlich eher eine schön gerechnete Fantasie der Politik, die durch die jährlichen Erhöhungen des Mindestlohns für einen Punkt wesentlich dafür sorgt, dass es ihn eigentlich gar nicht gibt.

„Also wie im Sport - die Messlatte wird immer höher gelegt, bis sie niemand mehr erreicht. Und das weiß fast keiner?“

Genau. Und so läuft es seit Jahrzehnten...

Ich habe ja schon in früheren Jahren viele Vorträge über die Altersvorsorge gehalten und dabei festgestellt, dass rund 80-90% der Teilnehmer nichts darüber wussten.

„Dabei könnte man das doch in fünf Minuten in den Nachrichten erklären.“

Sicher, ich habe allerdings den Eindruck, dass rechtzeitige Aufklärung nicht gewollt war. Jetzt, wo es immer mehr Rentner gibt, fangen die Politiker, im Verbund mit den Medien, aber an immer mehr Druck auf die Bürger auszuüben, damit diese eine zusätzliche private Vorsorge treffen.

„Damit es keine Revolten gibt?“

Das könnte passieren. Dass die Armut in Deutschland wächst sieht man doch täglich auf den Straßen. Und am 03.05.19 stand auf der Titelseite der Bildzeitung ganz offen:

„11 Millionen Deutschen droht Mini-Rente“

Das wäre doch mal ein Thema für Demonstrationen. Scheint aber niemanden zu interessieren. Volksnahe Politik sieht für mich anders aus.

„Wie viel Rente werde ich mal haben?“

Soviel, wie ein Sozialhilfeempfänger - wenn du in rund 43 Jahren Glück hast. Daher rate ich dir jetzt schon nur privat für dich zu sorgen und dir so schnell es geht eine erste Immobilie zu kaufen. Wenn du später mal umziehst, vermietest du sie. Vom Staat hast du nicht viel zu erwarten, der sorgt eher für seine Politiker und Beamten. Und verlange unbedingt jedes Jahr mehr Gehalt, damit du deine 45 Rentenpunkte voll bekommst.

„Die Unternehmen sind aber sicher nicht begeistert, wenn alle Mitarbeiter jedes Jahr mehr Gehalt wollen.“

Da hast du wohl Recht. Und trotzdem halten unsere Politiker an dem System fest, die Gehälter jedes Jahr höher anzulegen um den Punkt zu bekommen. Dadurch wird eine vernünftige Rente immer schwerer erreichbar. Weil die Wirtschaft das nicht mitmacht und die Politiker keine Alternativen entwickeln.

Die heutige „Generation Z“ hat übrigens ebenfalls nicht die geringste Ahnung vom deutschen Rentensystem – weniger als ein Drittel kennen sich im Ansatz etwas damit aus. Dabei sind sie die Generation, die in eine Rentenkatastrophe hineinläuft. Sparen und Vorsorgen, etwas für ihre Zukunft tun, dazu haben sie kaum Bock.

Sie erwarten mehrheitlich, dass der Staat das schon regelt und es irgendwie klappt.

Aber das Einzige, was bei ihnen klappen wird, sind wahrscheinlich 20 Jahre Rente auf Sozialhilfeniveau. Wenn dann überhaupt noch Geld da ist. Dazu passend gab es am 06.05.2019 einen Bericht in der „Wirtschaftswoche“ mit dem Titel:

„Offenen Auges in die Rentenlücke“. (6)

Nur drei Tage später kam folgende Meldung bei „ ZEIT ONLINE“:

„DIE FETTEN JAHRE SIND VORBEI“

„Olaf Scholz wird weniger stark steigende Steuern verkünden. Es fehlt Geld für Regierungsprojekte. Die Union will die von der SPD geforderte Grundrente streichen.“ (7)

Den großen Unternehmen geht es dabei allerdings sehr gut. Ich meine nicht unbedingt einen kleinen Handwerksbetrieb, sondern die wirklich großen Firmen. Nur den Menschen in Europa geht es nicht so gut.

„Wie könnte ich im Alter gut leben?“

Wenn du im Alter über, zum Beispiel, drei bis fünf bezahlte Mietwohnungen verfügst, dann kannst du dir ein Land, wie hier das schöne Bulgarien, aussuchen. Mit einer Kombination aus Rente und Mieteinnahmen kannst du dort in Ruhe leben.

Aufgrund der niedrigen Lebenshaltungskosten, der schönen Natur mit Bergen und Skigebieten im Winter, Stränden und mediterranem Klima im Sommer kann man hier wunderbar leben. Fast alles kostet in etwa nur 30% der Preise in Deutschland. Nimm unsere Cocktails hier in der Bar zum Beispiel. Nur 2.50€. Dafür bekommen wir in Deutschland kaum einen Cappuccino. Hier kostet der Cappuccino aber nur 75 Cent bis 1,10 Euro. Ein Kilo Äpfel im Supermarkt gibt es hier für rund einen Euro und ein Bier im Restaurant ebenfalls für einen Euro. Im Restaurant kannst du ab 4,--€ ein komplettes Essen bestellen. Hier kann man mit einer kleinen Rente aus Deutschland würdevoll leben. Wenn du dazu eine eigene Wohnung besitzt, die man bereits ab 25.000,--€ in guter

Qualität kaufen kann, benötigst du zum Leben kaum noch etwas.

Mit 600-800,--€ im Monat und einer bezahlten Immobilie kommst du heute in Bulgarien bestens zurecht. Die Immobilienpreise hier sind niedrig und ab ca. 20.000,--€ kannst du im ländlichen Bereich sogar ein Haus mit Garten kaufen.

„Leben deshalb schon tausende Briten in Bulgarien?“

Die haben sich gut informiert und genießen die Vorzüge des Landes, das gute Wetter und die niedrigen Lebenshaltungskosten. In England gab es schon 2006 positive Berichte über Bulgarien. In Deutschland hört man kaum etwas über dieses Land.

Immobilienvermögen zu machen ist übrigens nicht ganz schwer. Du musst nur gut genug verdienen und auf deine Schufa achten, um eine erste Finanzierung zu bekommen. Aber mit deinem Studium und den daraus folgenden Arbeitsmöglichkeiten wird das kein Problem sein.

„Ich habe dann ja auch, im Gegensatz zu diversen Politikern, eine solide Ausbildung.“

Darauf kannst du auch stolz sein, es war sicher manchmal hart aber der Erfolg am Ende gibt dir Recht. Meine Mutter, deine Oma, hat schon immer gesagt, dass sie stolz darauf ist, dass wir alle eine abgeschlossene Ausbildung haben.

„Ohne lebt es sich auch nicht wirklich gut."

Das stimmt. Zurück zum Thema. Die Mieter zahlen den größten Teil oder sogar ganz den Abtrag für deine Immobilienkredite. Es kostet dich selbst also kaum etwas und ich berate dich ja auch dabei. Bei den jetzigen Zinsen von rund 2% und einer Tilgung von 2% zahlst du für den Kauf einer Wohnung im Wert von 100.000,--€ wie viel im Jahr?

„2% und 2% . Das sind 4.000€ im Jahr."

Genau. Und durch 12 Monate geteilt sind das rund 334,--€ im Monat.

Das ist zum Beispiel eine kleine 2-Zimmer-Wohnung im Hamburger Großraum. Dort bekommst du aber immer mindestens 400,--€ Netto vom Mieter. Die Nebenkosten zahlt er selbst. Damit du dich nicht viel kümmern musst, beauftragst du eine Hausverwaltung.

Die kostet rund 25,--€ im Monat und macht alle Abrechnungen mit dem Mieter. Du konzentrierst dich auf deinen Job. Hinzu kommt noch eine jährliche Grundsteuer, die liegt bei kleinen Objekten, wie in dem Beispiel, bei 15-20,--€ im Monat, die kannst du aber auch auf den Mieter umlegen, wenn du den richtigen Mietvertrag verwendest. Für zukünftige Renovierungen am Haus zahlst du in eine Gemeinschaftskasse mit den anderen Eigentümern in etwa 70,--€ monatlich.

„Ich hätte also Kosten von rund 334,--€ für die Bank und etwa 115,--€ Nebenkosten?“

Ja. Macht zusammen 449,--€.

„Die Wohnung kostet mich dann 49,--€ im Monat?.“

So ist es. Du kannst einen Teil der Zinsen auch noch steuerlich absetzen, die Mieten steigen und im Laufe der Jahre steigt auch der Wert der Wohnung. Eigentlich kostet sie dich nach kurzer Zeit nichts. Und wir wollen mal nicht darüber reden, dass durch weiteren Zuzug in unser Land, die Mieten weiter steigen werden. Je höher die Nachfrage, desto teurer das Angebot, eine einfache Wirtschaftsregel.

„Und der Mieter steht jeden Morgen auf, geht zur Arbeit und gibt mir 25, 30 oder mehr Prozent von seinem Gehalt?“

Richtig. Das machst du drei bis fünf Mal im Leben und hast später eine Kombination aus Rente und Mieteinnahmen. Mieter machen einen anderen Menschen vermögend.

Je früher du also damit beginnst, desto besser. Am besten kaufst du alle 10 Jahre eine Immobilie und vermietest sie. Spätestens nach 20 Jahren ist die erste bezahlt, im Wert sowieso gestiegen und deine Bonität bei den Banken steigt ebenfalls immer mehr...

„Warum machen das nicht alle?“

Weil Vermögensaufbau nicht zum Unterricht in deutschen Schulen gehört. Der Staat fordert die Menschen auf, sich eine private Altersvorsorge zu basteln - die besten Wege werden aber nicht erklärt.

Dieses Wissen teilen sich nur Wenige und man muss es suchen. Wir haben eine große Schicht von Mietern und eine kleine Schicht von Vermietern. Und jeden Monat fließen Milliarden von unten nach oben. Das möchten die da oben auch nicht gern ändern. Deshalb hört man wenig davon in Deutschland.

In England haben die Schulkinder oft schon ab dem 15./16. Lebensjahr Finanzunterricht in den Schulen. Das Fach existiert in Deutschland nicht einmal.

Und es gibt noch weitere, negative Punkte für uns Deutsche.

„Welche denn?"

Aufgrund der höchsten Steuern aller westlichen Länder, des geringen Immobilieneigentums und den niedrigsten Renten in der westlichen Welt verarmen die Deutschen immer mehr. Sie kommen kaum noch dazu privates Vermögen aufzubauen. Am 11.04.18 stand ein Artikel in der Zeitung WELT mit folgender Überschrift:

„Die Deutschen sind bei Steuern und Abgaben Weltspitze."(8)

Es scheint aber niemanden zu stören. Ein seltsames Verhalten.

Im Durchschnitt arbeiteten die Deutschen im Jahr 2017 bis zum 19. Juli nur für den Staat. Das sind also rund 6.5 Monate des Jahres für den Staat und nur 5.5 Monate für ihr eigenes Glück und ihren Wohlstand.

Italiener und Franzosen liegen bei Steuern bei etwa 30%. Amerikaner, Schweden und Spanier sogar bei nur 20-25%.

Hier in Bulgarien zahlst du als Unternehmer bis zu einem Einkommen von 25.000,--€ jährlich nur 10% Steuern. Eine Firma ist mit einem Euro Startkapital in wenigen Tagen gegründet. Hier soll es den Bürgern einfach gemacht werden, auf die Beine zu kommen.

Bei uns hingegen wird es den Bürgern seit Jahren immer schwerer gemacht zu existieren.

Die arbeitende Bevölkerung müsste dann eigentlich auch noch 10% ihres Bruttogehalts in eine private Altersvorsorge zahlen, um später über die Runden zu kommen.(9)

„Was sagst du da? Wenn jemand zum Beispiel 2.500,--€ Brutto im Monat verdient, dann müsste er monatlich noch 250,--€ von seinem Netto für die Rente sparen?“

Richtig. Das erzähle mal den Leuten, die Deutschland für ein reiches Land halten.

Eigentlich benötigt man als Rentner nämlich mehr Geld. Endlich hat man nach einem langen Arbeitsleben die Zeit, sich um die schönen Dinge des Lebens zu kümmern, zum Beispiel zu reisen.

Rente sollte eine Belohnung für die Bürger sein, für den Fleiß ihrer jahrelangen Arbeitsleistungen und Steuerzahlungen an die Gemeinschaft.

Der deutsche Durchschnittsrentner, Männer und Frauen zusammen, hat momentan aber nur eine Rente von rund 850,--€ netto. Denn der Staat ist so brutal, sogar die Renten noch zu besteuern. In Österreich liegt dieser Satz bei rund 1.400,--€ netto. Es gibt also Systeme, die viel besser funktionieren als unser deutsches. Bei gleichem Einkommen bekommt ein Österreicher eine fast 50% höhere Rente als ein Deutscher. (10)

Deutsche Renten liegen mit 51% vom letzten Netto weit unter dem OECD Schnitt. In den anderen Ländern liegt er, laut einer OECD Studie, bei 63%.(10)

Das durchschnittliche Vermögen liegt in Deutschland bei 47.000,--€. Die Griechen, für die wir bürgen, haben rund 55.000,--€ also 8.000,--€ mehr.

Die Holländer haben ca. 94.000,--€, die Dänen 87.000, die Belgier liegen bei 168.000. Die Franzosen mit 120.000 und die Italiener mit 125.000 sind mehr als doppelt so reich wie wir Deutschen. Liechtensteiner mit 168.000 und Schweizer mit 229.000 stehen ganz vorn. Nur Portugal und die ehemaligen Ostblockstaaten der EU liegen hinter Deutschland.(11)

„Aber Papa, ich kann das kaum glauben. Wir sind das Volk in der EU mit:

1. den höchsten Steuern

2. den geringsten Lohnsteigerungen

3. den niedrigsten Renten

4.dem fast geringsten Wohneigentum

5. dem fast geringsten Privatvermögen

6. und den zweithöchsten Strompreisen der Welt?“

Ja, das alles ist das heutige Deutschland, versehen auch noch mit einem sehr langsamen Internet. Das nicht so reiche Bulgarien steht bei der Internetgeschwindigkeit übrigens auf Platz 3 in der Welt.(12)

„Wir sind somit das Volk, das sich am meisten ausnehmen lässt?

Und bürgen auch noch mit den höchsten Summen für Kredite anderer Staaten?" (13)

Das ist richtig, kluges Kind. Selbstverständlich können die Bürger Griechenlands nichts für die Entwicklungen. In meinen Augen war der EU-Beitritt Griechenlands ein einziges Drama für die Menschen in diesem schönen Land. Heute haben sie eine Arbeitslosenquote bei den jungen Leuten von rund 50%. Die in Deutschland fehlenden Fachkräfte sucht dort aber niemand. Hohe Quoten gibt es ebenfalls in Spanien, Italien, Portugal, Frankreich usw. Fast 60% der Griechen haben inzwischen Probleme ihre Häuser zu heizen oder genügend Lebensmittel zu kaufen. Sparprogramme die den Griechen aufgedrückt wurden, führten fast zum Stillstand.(14)

Sobald ein Staat sich in die Mühlen der Kredite begibt, fangen die Banken an, die Bedingungen zu diktieren und die Einhaltung gnadenlos zu verfolgen.

„Die Deutschen sind also gar kein reiches Volk mehr?"

Nein, das war nur ein Hauch der Geschichte...

Kapitel 3

MIGRATION UND MANIPULATION

„Wenn man in ein Dorf kommt, soll man sich dem Dorf anpassen.“

(Japanisches Zitat)

Vor 40 Jahren gab es eine große Angst vor einer Überbevölkerung der Erde. Es ging damals schon um den Bedarf an Nahrungsmitteln, Trinkwasser, Energie und die natürlichen Ressourcen, wie Öl, Gas, seltene Erden usw.

Jetzt werden wir aufgrund der Altersstruktur aber immer weniger. Man könnte eigentlich froh sein, wenn es in großen Teilen der Welt zu einem Rückgang der Einwohner kommt und die Natur wieder mehr Platz hat. Die Luft würde sauberer werden, weil weniger Menschen weniger Energie, weniger Rohstoffe und weniger Autos brauchen.

Dem ist aber nicht so. Obwohl die heutigen Grünen, die ursprünglich so für den Umweltschutz waren, das doch toll finden müssten, arbeiten sie und fast alle anderen Parteien daran, dass die Bevölkerungszahlen in Europa stabil bleiben. Vor einiger Zeit gab es einen TV-Beitrag über die steigenden Kosten für das Trinkwasser in Deutschland.

Anton Hofreiter von den Grünen beklagte, dass aufgrund von steigender Massentierhaltung und Düngung das Grundwasser immer verseuchter sei und die Reinigung des Trinkwassers immer teurer wird.(1)

Wenn hier aber weniger Menschen leben würden, würde es auch weniger Massentierhaltung geben, weniger Flächen würden gedüngt werden usw. Wäre es daher nicht logisch einen Rückgang der Bevölkerung zu begrüßen, statt für offene Grenzen einzutreten und immer mehr Leute ins Land zu holen? Auch von Seiten eines Herrn Hofreiters? Es würden weniger Autos fahren und weniger Industrie würde die Umwelt belasten. Und wir wollen mal nicht darüber nachdenken, dass unsere Zuwanderer bald auch alle Auto fahren möchten.

„Logik und Politik kommen wohl nicht immer zusammen."

Gut gesagt. Die Gesamtbevölkerung der Welt läuft sowieso völlig aus dem Ruder, da in den armen Ländern die Bevölkerungszahlen rasant steigen. Daran werden wir nichts ändern. Afrika hat heute eine Bevölkerung von einer Milliarde Menschen. 2050, also in nur 30 Jahren werden es rund zwei Milliarden sein.(2)

Das sind dann fast viermal so viel, wie heute in Europa leben.

„Afrika wird also interessant für Investoren?"

Gut erkannt. Die deutsche Bevölkerung würde im gleichen Zeitraum von heute ca. 82 Millionen auf ungefähr 70 Millionen schrumpfen, wenn alles so weiter gegangen wäre, wie es bis 2015 lief.

Für die Umwelt und die meisten Bürger wäre es sicher kein Problem gewesen, wenn hier weniger Menschen leben würden. Und natürlich würden auch die Mieten und Kaufpreise von Immobilien bezahlbarer, wenn es weniger Nachfrage gäbe.

„Das Wohl der Bürger scheint für die meisten Parteien nicht mehr relevant zu sein. Das Wohl der Wirtschaft ist also wichtiger?“

So war es schon immer. Es gab im Jahre 2000 eine Berechnung der UN, der Vereinten Nationen, dass die Bevölkerungszahlen in den westlichen Ländern nur durch Zuzug von Migranten konstant bleiben werden. (3)

In Afrika explodieren die Bevölkerungszahlen gerade. Dort sind also genügend Leute um unsere Einwohnerzahlen konstant zu halten. Es geht der Wirtschaft aber nicht nur darum, weiterhin genügend Konsumenten zu haben...

„Worum geht es denn noch?“

Darauf komme ich noch. Denn das, was gerade läuft, hat nach meinem Wissen und meiner Meinung einen massiven wirtschaftlichen und viel weniger humanitären Hintergrund.

Interessant ist in diesem Zusammenhang nämlich, dass ausgerechnet die UN die Versorgung der Flüchtlinge im Libanon und Jordanien um 50% reduziert hat. Das war im Juli 2015.(4)

Es hieß 2015, die UN würden 26 Millionen Euro pro Woche für die Flüchtlinge benötigen. Und angeblich sei kein Geld mehr da.

Einen Monat später kamen dann die ersten großen Flüchtlingswellen in Deutschland an.

Aber bereits im Jahr 2014 hatten die UN die Leistungen um 40% gekürzt und in einigen Ländern ganz eingestellt.(5)

Dadurch kamen schon 2014 immer mehr Zuwanderer nach Europa. Zu dem Zeitpunkt wurde aber kaum darüber berichtet und so bemerkten die Bürger noch nicht soviel davon.

Der UN-Flüchtlingshochkommissar António Guterres bestätigte:

„So kamen in der zweiten Jahreshälfte 2014 in den genannten Ländern fast doppelt so viele Menschen wie im ersten Halbjahr an."

„Die Menschen, die über das Mittelmeer nach Europa kommen sind Flüchtlinge, die Schutz vor Krieg und Verfolgung suchen." (6)

„Wenn man das Essen kürzt ist es doch kein Wunder. So treibt man die Flüchtlinge ja immer weiter..."

Natürlich. Wir würden auch weiterziehen, wenn es nichts mehr zu essen gibt und eine Einladung nach Europa kommt. Aber im Jahr wären das nur 1.35 Milliarden Euro gewesen, die man benötigt hätte, damit die Flüchtlinge in den UN Lagern und somit in der Nähe ihrer Heimatländer, hätten bleiben können.

Lächerlich gegen die 22 bis 30 Milliarden, die wir zurzeit allein in Deutschland jedes Jahr für die Migranten ausgeben.

„Passt also perfekt zu den Planungen der UN, dass die Bevölkerungszahlen nur durch Zuwanderung konstant bleiben?"

Ja. Und warum das so sein muss, begründen Politiker und Medien mit der Notwendigkeit die Renten der Zukunft durch Zuwanderung sichern zu müssen. Und der Bevölkerung wird gedroht, dass man ohne 500.000 Zuwanderer pro Jahr bis 70 und länger arbeiten müsste.(7)

„Damit die Deutschen die Zuwanderung akzeptieren?“

Richtig. Am 19.04.2018 berichtete zum Beispiel die Tageszeitung Die Welt über die Notwendigkeit der Zuwanderung, wenn die Deutschen nicht bis zum Alter von 70 arbeiten wollen. Einen Tag später, am 20.04.18, schrieb die Zeitschrift Focus darüber und am 12.02.19 erschienen zeitgleich Berichte über das Thema beim Spiegel, der Bertelsmann Stiftung, der Wirtschaftswoche, dem Deutschlandfunk, der Frankfurter Allgemeinen Zeitung und am 13.02.19 auch noch in der Augsburger-Allgemeinen.

Am 14.03.19 wiederholte die Zeitung Die Welt es dann nochmals. Gleichzeitig bombardieren die Medien uns damit, dass jemand, der an dem Erfolg dieser Planungen zweifelt, nicht human denkt oder sogar rechtsradikal ist. Dabei gab es solche Massenzuwanderungen mit fatalen Folgen für die Einheimischen schon früher in der Geschichte.

Denke nur einmal an die Indianer. Amerika wurde zuerst von den Wikingern entdeckt, die in kleinen Gruppen dort lebten. Das war kein Problem für die Ureinwohner. Aber später, durch Kolumbus wiederentdeckt, begann eine wahre Masseneinwanderung aus Europa. Und wo sind die indianischen Völker und deren Kulturen heute?

„Fast verschwunden.“

So ist es. Aber wehe, wenn du die Geschichte mit heute vergleichst.

Hier laufen plötzlich auf allen Sendern Filme, Dokumentationen und Soaps, in denen Deutsche beste Freundschaften mit ausländischen Mitbürgern und Migranten haben. Sogar der Kinderkanal KIKA ist sich nicht zu schade, dabei mitzumachen. Dort gab es eine unkommentierte Doku über eine 16jährige Deutsche mit einem angeblich erst 17-jährigen Freund. Dann wurde sein Alter auf 19 korrigiert und letztendlich war er dann doch schon 20. Er war ein syrischer Flüchtling und fing an ihr seine Glaubensregeln zu vermitteln, hatte etwas gegen Homosexualität und kurze Röcke bei Frauen. Weiterhin klärt KIKA über den Islam auf. Die Zielgruppe sind 3-13jährige.(8)

„Sollten sie die Kinder nicht lieber über unsere humanistischen Werte aufklären?“

Da hast du sicher Recht. Das ist natürlich auch Teil ihres Programms. Aber solche Doku zu senden, ist schon hochgradig manipulativ.

Die Sorgen vieler Menschen die ich kenne werden aber ignoriert und viele trauen sich kaum noch offen darüber zu reden. Auch im Ikea Katalog siehst du im Hintergrund eines Bildes eine Frau mit Kopftuch. Fragst du allerdings, warum das gerade so ist, dann bist du rechts. Die Wahrheit ist, dass durch kontinuierliche Wiederholungen eine Gewöhnung statt findet. So ist jede Schulung, jede Ausbildung, jeder Lernprozess aufgebaut.

Es spricht überhaupt nichts gegen Freundschaften mit Menschen aus anderen Ländern und Kulturen. Wir sind ja selbst auch mit vielen befreundet. Es ist nur unerträglich, wie billig die Medien die Bürger in die wirtschaftlich und politisch gewünschte Richtung manipulieren.

Wenn man sich etwas mit den Mechanismen der Manipulation auskennt und weiß was Konditionierung bedeutet, dann geht man mit anderen, offenen Augen durch die Medienlandschaft...

„Du meinst eine Berichterstattung, wie bei deinem Schwager?“

Gutes Beispiel. Er ist ein liebevoller Familienvater, Sportler und Angestellter im öffentlichen Dienst. Hat noch nie irgend jemandem etwas getan. Als er von der Arbeit nach Hause kam, wurde er von sechs bis acht Migranten umstellt. Er wohnt seit Jahren mit seiner Frau und seinen Kindern direkt am Marktplatz in einer wunderschönen Wohnung. Er verstand gar nicht, was sie von ihm wollten. Angeblich sei er am Vortag zu schnell an ihnen vorbei gefahren...

Zwar konnte er sich an so etwas nicht erinnern aber er bekam panische Angst und entschuldigte sich für den angeblichen Zwischenfall. Das nützte ihm aber nichts, sie schlugen ihn zusammen, brachen ihm die Nase und rannten lachend weg. Ein Freund von ihm kam dazu, hatte aber Angst ihm zu helfen, weil die Angreifer eine derartige Aggressivität ausstrahlten.

In der Osterausgabe 2019 der Mitteldeutsche Zeitung stand dann zwei Tage später folgender Bericht, der jeglichen journalistischen Mut zur Wahrheit und eine korrekte Darstellung der Ereignisse vermissen ließ:

„Opfer und Täter kennen sich.

Ein 30-Jähriger ist nach Angaben der Polizei von einem Mann mit der Faust ins Gesicht geschlagen worden und musste ins Krankenhaus gebracht werden. Offenbar; so heißt es, kannten sich Opfer und Täter vom Vortag durch eine Begegnung im Straßenverkehr. Der Täter habe sich von der Fahrweise des 30-Jährigen belästigt gefühlt.“

„Wenn man an jemandem vorbeifährt, kennt man sich also? Und wenn man schnell an einem vorbeifährt ist es selbstverständlich eine Belästigung? Verständlich dann zuzuschlagen?“

Das hat mit normalem, menschlichem Denken nichts mehr gemein. Es ist auch sehr seltsam, dass aus einer Gruppe von sechs bis acht Mann nur ein Mann wurde. Warum wurde in der Zeitung nicht darum gebeten, dass sich Zeugen melden und die Täter beschrieben, um sie ihrer Strafe zuzuführen? Das sollte man die Journalisten mal fragen.

„Für die sind wir dann bestimmt rechte Nazis, wenn wir sie fragen.“

Das könnte durchaus passieren. Mein zukünftiger Schwager ist seitdem völlig traumatisiert, traut sich kaum nach Hause und wird mit seiner Familie weg ziehen. Sie wollen sich ein Haus im Umland kaufen.

Kein Wort über seine Operation, den Krankenhausaufenthalt und die Folgen unter denen er und seine Familie leiden. Die ganze Familie bewegt sich nur noch mit Vorsicht in der eigenen Heimatstadt. Aus Angst, den Angreifern nochmals zu begegnen. Den, damals lachenden, Tätern ist bis heute nichts geschehen.

„Sekten verwenden auch solche Muster. Wahrheiten werden nicht genannt und wer gegen sie ist, ist ein Unterdrücker. Das ist ja auch manipulativ. Warum passiert das gerade?“

Weil es immer nur ums Geld geht. Die Zuwanderung hat wenig mit Humanität zu tun. Das wird uns nur durch die Medien eingeimpft. Wenn russische Medien so arbeiten würden, wäre es für unsere hiesige Presse wahrscheinlich „Propaganda und populistisch."

„Wie meinst du das?"

Humanität gehört zu den Grundpfeilern des menschlichen Daseins. Das bedeutet selbstverständlich Menschen zu helfen, die dringend Hilfe benötigen, weil sie zum Beispiel aus Kriegsgebieten kommen. Das gebietet der menschliche Anstand und niemand kann etwas gegen Menschen haben, die Schutz suchen, sich dafür als dankbar erweisen und die Einheimischen und deren Sitten und Gebräuche in den Ländern akzeptieren in die sie kommen.

„Wir würden unsere Traditionen und Prägungen zwar mitnehmen aber auch versuchen, uns in einem anderen Land anzupassen, die Sprache zu lernen, dort zu arbeiten usw.“

Menschen ändern sich ab einem gewissen Alter nicht mehr wesentlich, das ist normal. Aber das japanische Zitat:

„Wenn man in ein Dorf kommt, soll man sich dem Dorf anpassen.“

entstammt jahrhundertealter Lebenserfahrung und spiegelt den Anstand wieder, den alle Menschen in sich tragen sollten.

Bei uns gibt es Asyl für politisch verfolgte Menschen und das ist gut so. Die große Mehrheit der Zuwanderer kommt aber inzwischen aus wirtschaftlichen Interessen. Dabei stellt sich die Frage, wie weit sie sich anpassen wollen.

„Den meisten geht es sicher um Geld."

Sehr wahrscheinlich. Es gibt ein interessantes Interview von Hans von der Brelie auf „euronews" vom 30.11.2018. Er interviewte Peter van der Aurewaert von der IOM.

„IOM?"

International Organisation for Migration. Peter van der Aurewaert sagt in dem Interview, dass 80-85% der Migranten aus wirtschaftlichen Gründen kommen. (9)

Und er ist der Chef der IOM in Bosnien.

„Dann wird er es wohl wissen."

Richtig. Es gibt übrigens weltweit Millionen Wirtschaftsflüchtlinge.

„Die können wir aber doch nicht alle aufnehmen."

Natürlich nicht. Für sie alle müssten bessere Bedingungen in ihren Heimatländern geschaffen werden. Das ist aber die Aufgabe ihrer Politiker vor Ort.

Selbstverständlich kann die Weltgemeinschaft sie dabei unterstützen. Bis alle Zuwanderer qualifiziert genug wären um nennenswerte Gehälter in unserem Land zu erarbeiten, in die Rentenkassen einzuzahlen und Steuern zu zahlen vergeht mindestens eine Generation. Wie es dann tatsächlich aussieht, bleibt abzuwarten.

Unsere rund 15 Millionen Arbeitnehmer, die nennenswerte Steuern zahlen, können wohl kaum soviel in die Sozialkassen einzahlen, dass davon unsere Rentner und Einwanderer, die wirklich Unterstützung brauchen, komplett finanziert werden.

Auch deutsche Steuergelder sind nicht unendlich. Wir können nicht die gesamte Welt einladen und finanzieren – eine leichte Mathematikaufgabe. Und Mathematik ist weder Links noch Rechts sondern Logik.

Wir haben ein Sozialsystem, das ursprünglich für notleidende Bürger dieses Landes gestaltet wurde. Dies sollten Ausnahmen sein und alle haben mit ihren Steuern dazu beigetragen, solchen Menschen zu helfen.

Leider ist dieses System sehr leicht auszunehmen wenn man das anstrebt.

Kapitel 4

MAKE MONEY IN GERMANY

„Die Welt hat genug für jedermanns Bedürfnisse, aber nicht für jedermanns Gier.“

(Zitat Mahatma Ghandi)

Es ist nämlich denkbar einfach in Deutschland Geld zu machen, wenn man die Wege kennt. Mich wundert es nicht, dass immer mehr kommen. Sie tauschen sich im Internet aus und wissen häufig genug vorab, wie man die deutschen Behörden austrickst.

„Es ist einfach, hier Geld zu machen?“

Ja, sogar sehr einfach. Und der Anreiz ist hoch, wenn man weiß, was sie in ihren Heimatländern verdienen. Das betrifft nicht nur die neuen Migranten. Auch Leute, die aus der EU kommen oder ehemalige Zuwanderer, die schon 20 Jahre und länger hier leben.

„Wie macht man das?“

In unserer kleinen Stadt gibt es einen Supermarkt. Vor dem steht seit drei Jahren ein angeblich obdachloser Rumäne, der eine Obdachlosenzeitung verkauft. Immer wieder sah und sehe ich, wie ihm ältere Damen Geld zusteckten, weil er ihnen leid tut. Er lächelt sie an und sie freuen sie sich über ihre „Gute Tat“.

Da ich mal einige Monate in Rumänien wegen eines Bauprojektes gelebt habe und mit einem rumänischen Bauingenieur befreundet bin, kann ich einige Wörter in der Sprache. Ich bot dem jungen Mann also einen Job an und sagte ihm, dass er dann mehr verdienen könnte als die geschätzten 10,- oder 15, - €, die er jetzt verdienen würde.

Da lachte er mich aus und schüttelte den Kopf. Er kann ein bisschen Deutsch und wir unterhielten uns weiter. Er hätte diese Obdachlosenzeitung nur als Grund, um vor dem Supermarkt zu stehen. Statt die Zeitung zu verkaufen trägt er älteren Damen den Einkauf, hält Türen auf usw. Damit würde er mindestens 50,--€ am Tag verdienen. Seine Frau verdient mit der Masche das Gleiche. Sie steht vor einem anderen Supermarkt, konzentriert sich aber auf ältere Männer. Dann bekommen sie noch Kindergeld für drei Kinder, eine vom Amt bezahlte Mietwohnung und beziehen Hartz IV.

Ich habe es mit meinem Steuerberater ausgerechnet:

Sie bekommen also vom Amt rund 800,--€ Kaltmiete sowie ca. 200,--€ Nebenkosten für die 3-Zimmer-Wohnung bei Hamburg.

Dazu 768,--€ für die zwei Erwachsenen und weitere 776,--€ für die Kinder.

„Das sind ja schon rund 2.500,--€ netto. Nur vom Amt!“

Richtig. Dazu kommen dann noch an 20 Tagen jeweils 50,--€ täglich von ihm und nochmal 50,--€ von ihr aus den Einnahmen, die als Zeitungsverkauf getarnt sind. Macht weitere 2.000,--€ netto. Manchmal ist er schon nach wenigen Stunden wieder weg.

Zusammen haben sie ca. 4.500,--€ netto. Und das ergibt einen Bruttolohn von ca. 6.700,--€ monatlich.

„6.700,--€ brutto im Monat? Der will doch nie wieder weg aus Deutschland, unglaublich…“

Das habe ich den Mädchen in der Bäckerei des Supermarktes auch mal hingelegt. Seitdem schenken sie dem „armen Obdachlosen“ keinen Kaffee mehr…

Allen, vornehmlich älteren Damen, hatte er nämlich immer erzählt, dass er obdachlos sei.

„Verständlich, dass er keinen Kaffee mehr geschenkt bekommt.“

Genau, den muss er jetzt kaufen.

„Kann er sich ja auch leisten..“

Wie du weißt, habe ich viele Investoren aus Deutschland mit denen ich zusammen arbeite.

Einige Zeit habe ich auch mit einem vermögenden Immobilieninvestor zusammen gearbeitet, der aus einer großen, moslemischen Familie stammt. Sie leben hier in zweiter und dritter Generation. Viele Geschäftsleute sind dabei, ich war bei ihnen zuhause und wir haben dabei sehr viele private Gespräche geführt. Er sagte mir, dass seine Familie aus rund 600 Mitgliedern besteht. In der Zeit habe ich eine Menge dazu gelernt.

Moslemische Ehen werden zum Beispiel nirgendwo in Deutschland bei offiziellen Stellen eingetragen.

„Das wird nirgendwo eingetragen?“

Nein. Will man aber offiziell in unserem Land heiraten muss man Folgendes besorgen:

1.Gültigen Personalausweis oder Reisepass

2.Aufenthalts-/Meldebescheinigung

3.Beglaubigte Abschrift aus dem Geburtenregister

4. Wenn gemeinsame Kinder vorhanden sind, pro Kind Geburtsurkunde oder beglaubigter Abschriften aus dem Geburtenregister des Kindes ggf. Urkunde(n) über die Erklärung der gemeinsamen elterlichen Sorge

(Sorgerechtserklärung), falls diese Erklärung abgegeben wurde ggf. Urkunde über die Anerkennung der Vaterschaft

5. Falls ein Partner schon verheiratet war, eine aktuelle, beglaubigte Ablichtung aus dem Eheregister der letzten Ehe mit Auflösungsvermerk ggf. rechtskräftige Scheidungsurteile sämtlicher Vorehen ggf. Sterbeurkunden der früheren Ehepartner

6. Wenn schon eine Lebenspartnerschaft begründet wurde, eine aktuelle Abschrift aus dem Lebenspartnerschaftsregister der letzten eingetragenen Lebenspartnerschaft mit Auflösungsvermerk ggf. rechtskräftige Aufhebungsurteile sämtlicher vorangegangener Lebenspartnerschaften ggf. Sterbeurkunden der früheren Lebenspartner

7. Wenn ein Partner aus dem Ausland stammt, die Geburtsurkunde im Original und i. d. R. eine Übersetzung ins Deutsche von einem im Inland vereidigten Urkundenübersetzer

8. Wenn ein Partner im Ausland geschieden wurde, alle Urkunden und rechtskräftige Scheidungs- und Aufhebungsurteile.

Soviel zu unseren Hochzeiten.

Bei einer moslemischen Hochzeit reicht im einfachsten Fall ein Telefonat mit zwei männlichen Zeugen und dem Waly um offiziell zu sein.(1)

„Was ist denn ein Waly?“

Das ist eine Art Vormund für eine moslemische Frau. Das ist meistens der Vater. Es kann aber auch ihr eigener Bruder ab der Pubertät sein. Es gibt dort klare Regeln über die männliche Folge in den Familien um Waly zu sein. Die Begründung dafür steht im Koran.

„Dies ist so, weil eine Frau nicht in der Lage ist, den für sie best-geeignetsten Mann auszusuchen.“(1)

Eine deutsche Behörde wird über eine moslemische Ehe nicht informiert, das ist deren Kultur und damit haben wir nichts zu tun. Dies hat aber auch folgenden Effekt:

Ich kenne Kaufleute, die mit ihrem Porsche abends nach Hause zu Frau und drei Kindern in eine Mietwohnung fahren. Offiziell ist die Frau alleinstehende Mutter, erhält dadurch also noch mehr als den Hartz IV Regelsatz. Und die Wohnung kostet 1.680,--€ Miete.

„Woher weißt du die Summe?“

Ich habe den Mietvertrag selbst aufgesetzt. Als ich fragte, wer die Miete zahlt, lachten sie und teilten mir, immer noch lachend, mit:

„Das Amt!"

Viele Mitglieder dieser Familie sind ja schon seit Jahren und Jahrzehnten hier in Deutschland. Niemand von ihnen möchte zurück, die jüngsten sind hier geboren. Ihren Lebensstil leben sie aber nach den Sitten ihrer Heimat. So werden sie ja von ihren Eltern erzogen und es würde uns nicht anders gehen, wenn wir im Ausland leben. Die meisten sind recht wohlhabend.

Diese Familie besteht also aus ungefähr 600 Mitgliedern. Wenn sie es mit 100 Wohnungen so machen, dann kosten sie den Steuerzahler aber um die 200.000,--€ im Monat nur für die Wohnungen. Hinzu kommen bestimmt nochmal 200.000,--€ monatlich für die Sozialleistungen. Macht zusammen rund 4.8 Millionen Euro pro Jahr.

„Wer würde es schon anders machen, wenn er so einfach die Möglichkeit dazu hätte…?"

Jetzt haben wir noch rund 2 Millionen Wohnungssuchende mehr und die alteingesessenen Familien aus diesen Kulturkreisen haben gute Anwälte, die sie in diesen Dingen gut beraten.

„Das funktioniert allerdings nur solange, bis auch die letzten Steuerzahler zusammen brechen."

Genau. Daher sollte sich auch niemand wundern, wenn die Mieten steigen und steigen. Immerhin benötigen wir jetzt für rund zwei Millionen Menschen neue Wohnungen.

„Daran habe ich auch schon gedacht."

Du denkst ja auch logisch...

Kapitel 5

EIN EXPERIMENT?

„Die Blütezeit ist der Anfang des Verfalls. “

(Japanisches Zitat)

„Wenn ein Staat sich darauf verlässt, dass alle anständig sind, dann muss er sich nicht wundern wenn Menschen mit einer anderen Einstellung das ausnutzen. Vielleicht würden wir es auch so machen.“

Sehr richtig. Nun haben wir viele Zuwanderer bekommen, die alle gern hier bleiben möchten. Aber heute wird immer mehr automatisiert, man geht jetzt schon davon aus, dass 3D-Drucker ebenfalls viele Arbeitsstellen weg rationalisieren werden. Momentan entlassen deutsche Unternehmen auch noch aufgrund künstlich herbei gerufener Krisen zehntausende Arbeitnehmer. VW zum Beispiel rund 7.000.(1)

„Und die deutschen Wirtschaft wächst nur noch um 0.7%.“

So ist es. Den Zuwanderern werden aufgrund ihres häufig schlechten Ausbildungsstandes also nur viele Billiglohn-Jobs bleiben. Dennoch wird ja laufend in der Presse erwähnt, dass Zuwanderung notwendig ist, damit wir nicht bis 70 arbeiten müssen.

„Warum holen wir eigentlich keine Fachkräfte aus Spanien, Griechenland usw.?“

Das wurde nur halbherzig versucht. Dazu gab es einen Bericht am 27.03.2014 in der FAZ:

„Die Bundesagentur für Arbeit und die Bundesregierung starteten Anfang 2013 das Förderprogramm „The Job of My Life“. Im Laufe des Jahres wurde mehr als 400 jungen Menschen aus EU-Ländern ein Ausbildungsplatz in Deutschland vermittelt. Das Programm soll bis 2018 laufen.“ (1a)

„Wow, 400 – das ist ja toll...“

Ja, lächerlich wenig. In Spanien haben sie sogar einen Begriff für die Auswanderer:

„fuga de cerebros“ - die Flucht der Gehirne“

„Warum macht man nicht alles, um diesen Menschen hier einen guten Start zu ermöglichen, die könnten wir doch gut gebrauchen?“

Das habe ich mich auch gefragt – aber darauf kommen wir noch.

Die jetzige, fluchtbedingte Zuwanderung nützt unserem völlig veralteten Rentensystem nämlich nicht. Da hätten die Politiker schon vor Jahrzehnten neue Konzepte entwickeln müssen.

Unser Rentensystem stammt in den Ursprüngen noch aus Bismarcks Zeiten. 1889 wurde es eingeführt. Damals gab es auf einen Rentner rund 5-6 Arbeitnehmer. Und die Menschen wurden auch nicht so alt. Man konnte ab 67 in Rente - die Lebenserwartung lag damals aber nur bei 63-65 Jahren. Die Wenigsten erreichten also das Rentenalter.

Da passte das System, dass die Jüngeren die Renten der Älteren tragen noch. Nach dem 2.Weltkrieg hat man dieses System einfach so weitergeführt. Du erinnerst dich an die Babyboomer?

Diese große Menschenmasse geht jetzt in Rente. Und sie hinterlassen, wie schon gesagt, nur noch 1.4 Kinder pro Paar. Das alte System funktioniert also nicht mehr. Und es wird durch Migration und Ausschöpfen unserer Sozialkassen auch nicht weiter funktionieren.

Und genau das wissen Politiker, Demografieforscher und Unternehmen schon seit mindestens 40 Jahren. Unternommen haben sie....

„...nichts?“

Richtig. Vor fast 20 Jahren haben die Bevölkerungsforscher der UN ja schon die Zuwanderung als Mittel empfohlen um die

Zahlen in den westlichen Ländern konstant zu halten.

„Damit die Wirtschaft weiter gute Umsätze macht. Sagtest du ja bereits. Inzwischen sehe ich es auch so."

Richtig. Dabei könnte politisch doch dafür gesorgt werden, dass es ganz fantastisch wäre, wieder mehr Kinder zu bekommen. Zum Beispiel durch sehr hohe Kindergeld-zahlungen.

Warum nicht 600,-- Euro pro Kind für die ersten sechs Jahre, bis es zur Schule kommt, danach weitere Zahlungen in Höhe von z.B. 400,--€ monatlich bis zum Abschluss der Ausbildung und eine einmalige Zahlung zur Geburt in Höhe von zum Beispiel 5.000,--€?

Echte Steuervergünstigungen für beide Elternteile wären dann auch noch machbar. Wir haben ja, wie schon erwähnt, ohnehin zu hohe Steuersätze.

„Was würde das denn kosten? Das wäre doch bestimmt zu teuer, oder?"

Das wären bei einer Million Neugeborenen rund 7.2 Milliarden im Jahr laufende Zahlungen bis zum Schuleintritt, weitere 4 Milliarden jährlich bis zur Ausbildung und einmalig 5 Milliarden zur Geburt.

Dazu kämen noch Steuererleichterungen für die Eltern. Wir zahlen ja sowieso die höchsten Steuern.

Wenn alle in einem Jahr zur Welt kämen, wären die Kosten im ersten Jahr 12.2 Milliarden, in den nächsten fünf Jahren 7,2 Milliarden und ab dem sechsten Jahr wären es nur noch 4 Milliarden. Wenn die Kinder in die Schule gehen, hätten die Eltern ja auch wieder Zeit, selbst mehr zu verdienen.

Momentan geben wir gerade mindestens 20 Milliarden Euro für die Migration aus. Pro Jahr! In der Neuen Züricher Zeitung gab es schon am 15.09.2017 folgenden Kommentar vom Politologen Wolfgang Bok:

„Allein der Bund will von 2016 bis 2020 zur Versorgung der Flüchtlinge 93,6 Milliarden Euro zur Verfügung stellen. Da die Bundesländer klagen, allenfalls die Hälfte der Kosten erstattet zu bekommen, wären also jährlich zwischen 30 und 40 Milliarden zu veranschlagen. Unklar bleibt, ob dabei die zusätzlichen Ausgaben für 180 000 neue Kindergartenplätze, 2400 zusätzliche Grundschulen und die zugesagten 15 000 Polizisten eingerechnet sind.“ (2)

Und das wird nicht in sechs Jahren vorbei sein. Das Geld wäre also vorhanden. Und garantiert werden die Migranten nicht dafür sorgen, dass wir weiterhin mit 65 oder 67 in Rente gehen. Das ist nur ein vorgeschobenes Argument.

Bis alle integriert wären, sind unsere Sozialkassen komplett leer. Ich kenne ja genügend Zuwanderer, die schon seit 20 und noch mehr Jahren in Deutschland leben. Integriert haben sich viele nur zum Teil. Sie bleiben gern unter sich, viele können mit unseren Werten, Frauenbildern und Gesetzen wenig anfangen. Vor einiger Zeit habe ich mich mit einer Angestellten eines Freundes unterhalten.

Sie ist hier geboren, türkischer Abstammung und ca. 20 - 22 Jahre alt. Auf meine Frage, was sie von den deutschen Jungs in ihrem Alter hält kicherte sie. Dann kam:

„Das sind doch alles schwule Flaschen..."

Für sie und ihre Freundinnen käme nur ein türkischer Mann in Frage.

„Ihre Eltern sind sicher stolz auf sie.“

Wohl wahr. Mittlerweile haben rund 23% der Deutschen einen Migrationshintergrund. Bei den unter 6jährigen Kindern sind es fast 40%. So stand es in einem Artikel der Zeitung Die Welt vom 24.08.2017.(3)

Dieser bislang noch kleinere Anteil der Bevölkerung benötigt große Summen der Sozialhilfe. Die jetzt dazu gekommenen neuen Einwanderer verschärfen das aber um weitere rund 23 Milliarden im Jahr. Bis sie irgendwann genug verdienen, damit diese Gelder durch Steuern wieder in die Sozialkassen zurückfließen, die sie gerade verbrauchen, vergehen mehrere Generationen.

„Das ist einfache Mathematik."

Es sind aber die Steuern der jetzigen arbeitenden Bevölkerung, die für solche „Experimente" verpulvert werden.

„Experimente?"

Ja, Experimente. Nicht umsonst sprach der in München geborene und mittlerweile in den USA lebende Politikexperte und Journalist Yasha Mounk, der in Harvard lehrt, von einem in der Geschichte „einzigartigem Experiment" in Europa und Deutschland. In den Tagesthemen am 20.02.2018, sagte er wörtlich, dass das Experiment folgenden Zweck hat:

„ ...eine monoethnische beziehungsweise monokulturelle Demokratie in eine multiethnische zu verwandeln."

und weiter sagte er:

„Das kann klappen, das wird, glaube ich auch klappen aber dabei kommt es natürlich auch zu vielen Verwerfungen.“(4)

Dabei erwähnte er auch, dass die hiesige Wirtschaft momentan still steht und , dass es eigentlich keinen Unterschied macht, welche der etablierten Parteien man wählen würde, weil es kaum Unterschiede zwischen ihnen gibt und man bei einer Wahl als Bürger nicht mehr sagen kann, wen man eigentlich unterstützt.

Weiterhin sagte er, dass die „Populisten“ das eigentlich richtig vorher gesagt haben. Es ist fast egal, welche Partei man heute wählt.

„Das war in den Tagesthemen?“

Ja, wie gesagt, am 20.02.18. Ich hätte von der Journalistin und Moderatorin Caren Miosga detaillierte Fragen dazu erwartet. Du bist ja auch sofort hellhörig geworden.

Es gab aber keinen Aufschrei, keine Proteste dagegen. Nicht einmal die Moderatorin hat etwas zu dieser Dreistigkeit gesagt.

Ich hätte gefragt, was er mit Experiment meint, warum es zu Verwerfungen kommt, mit welchen Verwerfungen wir rechnen müssen und warum das Experiment klappen muss!!!!

Es scheint, dass die Bürger es nicht gesehen oder aber nicht verstanden haben.

„Aber damit hat er doch gesagt, dass wir Teil eines Experiments sind. Das unsere Kultur, unser Volk verschwinden werden. Auch wenn es dabei zu Verwerfungen oder Aufständen usw. kommen wird. Unglaublich."

Das hat er so gesagt. Und nicht nur einmal. Schon im Jahre 2015 hat er am 26.09. in einem Spiegel-Interview zu den Flüchtlingsströmen folgendes von sich gegeben:

„Vor allem geht es um mehr als ein kurzes, fremdenfreundliches Sommermärchen. In Westeuropa läuft ein Experiment, das in der Geschichte der Migration einzigartig ist:

Länder, die sich als monoethnische, monokulturelle und monoreligiöse Nationen definiert haben, müssen ihre Identität wandeln.

Wir wissen nicht, ob es funktioniert, wir wissen nur, dass es funktionieren muss."(6)

„Wer ist wir? Wer experimentiert mit uns? Wen meint er damit und warum MÜSSEN wir unsere Identität wandeln? Ich will nicht meine Identität wandeln. Der macht mir richtig Angst!“

Das kann ich verstehen, meine liebe Tochter. Mir gefällt es in keinster Weise, dass ein in den USA sitzender Yasha Mounk, meinem Kind Angst einflößt. Ich erwarte eigentlich eine Entschuldigung und Erklärungen von ihm.

Aber habe keine Angst. Ich werde dir im Leben Wege aufzeigen, dem zu entgehen und dich mit Informationen versorgen. So, wie es alle Eltern in Europa mit ihren Kindern machen sollten. Dir wird immer die Möglichkeit bleiben, Deutschland zu verlassen. Du bist gut ausgebildet, hast studiert und wirst von Mieteinnahmen überall leben können.

Wenn die Politik sich in Deutschland nicht ändert – dann geh einfach.

Die Moderatorin der Sendung mit Yasha Mounk hieß Caren Miosga. Sie wechselt sich seit 2016 mit Ingo Zamperoni ab. Er soll wiederum Mitglied der ATLANTIKBRÜCKE sein und an deren Young Leaders Programm teilgenommen haben.(7)

„Was ist die ATLANTIK-BRÜCKE?“

Ein elitärer Club – zwischen den USA und Europa. Merke dir diesen Club, denn darauf kommen wir auch noch zurück. Es gibt viele Verbindungen von Wirtschaft, Medien, Militär und Politikern. Google den Begriff ATLANTIKBRÜCKE gern einmal und klicke dann auf Bilder. Es gibt auch eine Schautafel auf der Internetseite swprs.org auf der diverse Verbindungen der USA mit europäischen Medien dargestellt werden:

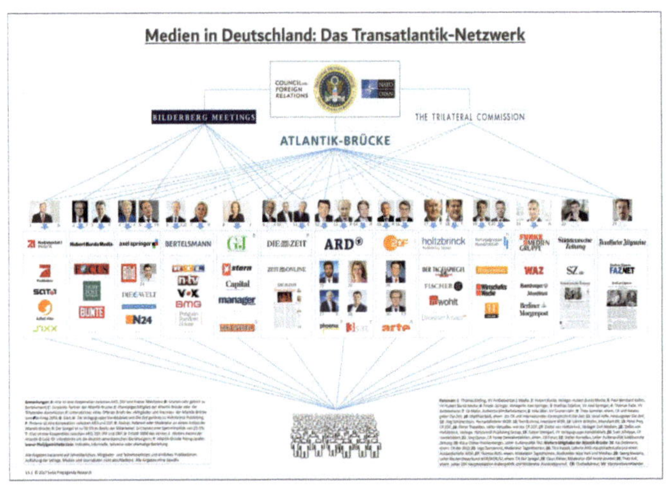

(Quelle: https://swprs.org/netzwerk-medien-deutschland/ 27.05.19)

„Vielleicht stellte sie ja deshalb keine kritischen Fragen."

Das denke ich auch. Weiter zum Thema. Wenn man vernünftig mit unseren Steuergeldern umgehen würde, würde es uns sehr gut gehen und niemand könnte argumentieren, dass wir Zuwanderung brauchen um unsere Renten zu sichern. Das ist ohnehin nur ein vorgeschobenes Argument.

„Und obwohl diese Fakten seit Jahrzehnten bekannt sind, wurde nichts dagegen unternommen?"

Selbstverständlich nicht! Politiker agieren selten über mehrere Jahrzehnte vorausschauend.

Das machen nur große Firmen und vernünftige Unternehmer. Ein Hamburger Unternehmer, dessen Familie bereits seit drei Generationen in Immobilien investiert, hat mir einmal Folgendes gesagt:

„Jede Immobilie, die ich heute kaufe, sorgt für die nächsten 100 - 500 Jahre für meine Nachfahren."

„Das ist weise und vorausschauend."

Genau. Und so agiert er auch in seiner Firma. Daher stammt der Erfolg eines jeden Unternehmers. Aus genauer Planung auf lange Sicht und schnelles Reagieren bei Veränderungen. So, wie es in der Wirtschaft ist und immer war. Wie damals, als die Babyboomer eine interessante Umsatzgruppe wurden.

Zuwanderung dauert eben nicht solange, als wenn man jetzt auf eine Generation Neugeborener warten würde. Es geht nicht um die Renten. Die Medien, die alle selbst wirtschaftlichen Interessen und entsprechenden Anweisungen von oben unterliegen, helfen aktiv bei der Verbreitung dieser Botschaften. Dabei hätten die Medien schon vor Jahrzehnten auf die zukünftige Rentenproblematik aufmerksam machen und somit eine andere Familienpolitik fordern können, wenn es ihnen um eine sachliche Berichterstattung gehen würde.

„Das haben sie aber nicht getan, oder?“

Natürlich nicht, damals war das überhaupt kein Thema. Arbeitende Menschen und somit Konsumenten waren genug vorhanden. Den Medien geht es anscheinend immer seltener um Aufklärung, sondern um Steuerung der Massen.

„Und der Wirtschaft um Profite.“

Kapitel 6

WIRTSCHAFTSINTERESSEN

„Mit einem Reichen kann man nicht über Armut reden.“

(aus dem Japanischen)

„Weil wir weniger werden, wird jetzt laufend über die Rentenproblematik berichtet?“

Es geht nicht um die Renten der Zukunft. Das kann dir jeder Mathematiker in drei Minuten errechnen. Mit ungelernten Migranten aus Kulturkreisen, die völlig anders zum Leben stehen, funktioniert es nicht, die Renten der Zukunft zu sichern. Der wahre Grund liegt, nach meiner Ansicht, woanders. Der Bevölkerung wird damit nur gedroht.

Dazu möchte dir zunächst etwas über die Ziele von Unternehmen erzählen.

1987 saß ich mit dem Direktor und anderen Führungskräften in einem der besten Tagungshotels Europas zusammen. Ich hatte dort gerade angefangen und es wurden die Zahlen für das nächste Jahr geplant.

„Mehr Umsatz, weniger Kosten, mehr Gewinn!"

Das war die Forderung. Auf meine Frage, wie lange das so weiter gehen solle bekam ich ein Lächeln des Direktors und die kurze Antwort:

„Immer!"

Das ist nach meinen, jetzt jahrzehntelangen, Erfahrungen das Dilemma der Wirtschaft und aller Manager.

Jedes Jahr wird mehr erwartet als im Vorjahr. Dieses Prinzip führt zu immer weniger Anstand, es muss immer weiter gehen. Den gleichen oder weniger Umsatz zu machen, kommt für die Inhaber und Aktionäre nicht in Betracht.

Eine gute Freundin von mir musste jedes Jahr für die neuen, höheren Umsatzzahlen mit ihrem Job bürgen. Und sie war immerhin in ihrem Bereich Deutschlandchefin einer US-Firma. Umsatz mal nicht erreicht - Job weg.

Die gesteckten Ziele werden zum Jahresbeginn festgelegt. Sie musste die Zahlen selbst nennen. Waren diese nach Ansicht des Vorstandes zu niedrig, bekam sie sofort Stress und musste höhere Zahlen nennen. Teilweise völlig unrealistisch. Dann werden Wochen-, Monats-, Quartals-, Halbjahresberichte usw. erstellt. Die Ziele zu erreichen gilt nicht als etwas Besonderes. Das wird sowieso vorausgesetzt. Die Planungen sind also ein massives Druckmittel und spielen mit den Ängsten um den Verlust des hoch dotierten Jobs.

Das hat so zu funktionieren. Klappt es nicht wird Druck von oben aufgebaut. Jede Woche, jeden Monat usw. Ich habe selbst erlebt, wie zum Monatsende, Quartalsende, Halbjahres- und Jahresende alle im Vertrieb immer nervöser wurden, immer hektischer bei Kunden angerufen wurde um ja die gesteckten Ziele zu erreichen.

Meine gute Freundin hatte nach wenigen Jahren Burnout. Kaputt durch Dauerstress.

Dafür fangen Unternehmen und deren Mitarbeiter an zu manipulieren und Menschen zu belügen. Du hast ja von den Abgasmogeleien bei VW und anderen gehört. Auch das sind Auswirkungen solcher Zielvorgaben. Die Vorstände fordern Unmögliches und die Mitarbeiter fangen an zu tricksen.

Selbst die Politik wird von Unternehmen unter Druck gesetzt oder einfach ausgespielt. Um wirtschaftliche Ziele zu erreichen. Die Interessen der Konsumenten, der Mitarbeiter und der normalen Bürger sind ihnen egal. Meiner Ansicht nach sind die wenigsten Politiker in der Lage, den Profis der Unternehmen, die gut ausgebildet sind und jahrelange Erfahrungen haben, etwas Gleichwertiges entgegenzusetzen.

Unqualifizierte und eine hohe Anzahl von Arbeitnehmern führen übrigens dazu, dass Lohnverhandlungen für Unternehmen einfach werden. Ein Nebeneffekt der Einwanderung.

Wenn es nur wenig Arbeitnehmer gibt, die auch noch gut ausgebildet sind, müssen Unternehmen um sie werben und entsprechend gute Gehälter zahlen. Das ist aber nicht im Interesse der Aktionäre.

„Gute Gehälter und zufriedene Arbeitnehmer sind nicht im Interesse der Aktionäre?“

Nein. Auch Madeleine Albright, ehemalige Außenministerin der USA, heutige Beraterin von Investoren und Geschäftspartnerin des ehemaligen Grünen Politikers Joschka Fischer, beschreibt genau dieses auf ihrer Firmenseite.

„Offensichtlich profitieren Verbraucher und Arbeitnehmer und nicht die Aktionäre bestehender Unternehmen von allen Vorteilen des Wirtschaftswachstum.“ (1)

Albright empfiehlt ihren Kunden in Schwellenländer zu investieren. Eine Bevölkerung mit vielen Menschen ist der Wirtschaft also sehr recht. Aber genau darauf kommen wir noch.

Es wird in Wirtschaftskreisen immer mehr empfohlen in Schwellenländer zu investieren, da dort hohe Profite möglich sind.

Man nennt das auch eine „demografische Dividende“

„Was ist das denn?“

Damit ist gemeint, dass eine Bevölkerung, die mehrheitlich zwischen 20 und 60 Jahren arbeitet, das Wirtschaftswachstum 40 Jahre beschleunigen kann.

„Und somit auch die Gewinne der Unternehmen?“

Natürlich. Um nichts Anderes geht es den Unternehmen, deren Vorständen und ihren Aktionären – GEWINN.

Die Vereinten Nationen (UN) haben die Zuwanderung für Europa ja bereits im Jahr 2000 empfohlen. Vor 19 Jahren. Die Vereinten Nationen bestehen nämlich nicht nur aus den Friedenstruppen mit den blauen Helmen, die wir alle kennen.

Es gibt bei der UN diverse Bereiche und einer davon ist ECOSOC. Das ist die Abteilung für wirtschaftliche und soziale Fragen.

„Hier treffen sich vorwiegend Minister, Direktoren und hochrangige Beamte internationaler Institutionen sowie Vertreter der Zivilgesellschaft und Privatwirtschaft.“ (2)

„Politiker und Privatwirtschaft treffen sich auch bei der UN?“

So ist es. Und nicht nur da. Der Politiker Horst Seehofer sagte schon einmal erstaunlich ehrlich...

***"....diejenigen, die entscheiden sind nicht gewählt und diejenigen, die gewählt werden, haben nichts zu entscheiden.“* (3)**

Ich bin überrascht - das hast du also auch schon gehört?

„Ja, das ist sogar auf YouTube zu sehen.“

Früher hat er auch mal zugegeben, dass die soziale Marktwirtschaft seit 30 Jahren durch Lobbyverbände behindert wird.(4)

Nicht unbedingt anständig, oder?

Nein, überhaupt nicht. Macht die EU es jetzt besser für die Bürger?

Kapitel 7

EU-GRÜNDUNG UND LOBBYISTEN

„Das Gesicht des Menschen erkennst du bei Licht, seinen Charakter im Dunklen. “

(Chinesisches Zitat)

Sicher gab es anfangs gute Ansätze. Ursprünglich war die EU eine Vereinigung von Staaten, die in Zukunft Kriege untereinander vermeiden, wirtschaftlich und beispielsweise in Punkten wie dem Umweltschutz und der Verteidigung zusammenarbeiten wollten.

Das waren anfänglich die Länder Frankreich, Deutschland, Italien, Belgien, Niederlande und Luxemburg, die 1957 die Römischen Verträge unterzeichneten. Damals nannten sie sich noch EWG und trafen sich in Luxemburg, Brüssel und Straßburg.

Dabei wollten sich alle akzeptieren und niemand hatte vor, sich in die Angelegenheiten der anderen Staaten einzumischen. Zudem wurde fest vereinbart, dass kein Land für die Schulden eines anderen Landes aufkommen sollte.

Du verträgst dich ja auch mit deinen Freundinnen. Ihr unternehmt viel zusammen und wenn ihr gemeinsam eine Party macht, legt ihr Geld zusammen. Aber was deine Freundinnen sonst so mit ihrem Geld und ihrem Leben machen akzeptierst du. Es ist ja deren Sache, nicht wahr?

„Ja, natürlich. Das ist doch logisch."

Siehst du, so logisch war der Ursprungsgedanke der EU auch. Im Laufe der Jahre kamen immer mehr Länder dazu und irgendwann beschlossen die Politiker, dass man eine gemeinsame Verwaltung und Beamte bräuchte, die die Arbeit machen.

So wurde 1997 Brüssel als Hauptstandort ausgesucht. In Luxemburg ist immer noch der Europäische Gerichtshof und manchmal tagen sie auch noch in Straßburg.

Die Beamten in Deutschland leisten übrigens einen Amtseid nach §64 des Bundesbeamtengesetzes mit diesem Text:

„Ich schwöre, das Grundgesetz für die Bundesrepublik Deutschland und alle in der Bundesrepublik geltenden Gesetze zu wahren und meine Amtspflichten gewissenhaft zu erfüllen, so wahr mir Gott helfe.“(1)

Diesen Eid hat dein Großvater auch geleistet. Dabei gilt auch noch, dass Beamte keiner Partei sondern dem ganzen Volke dienen müssen. Man sollte also davon ausgehen, dass sowohl die deutschen als auch die EU-Beamten sich an alle Gesetze halten. Dein Großvater jedenfalls hat sich diesem Eid immer verpflichtet gefühlt.

„Er war ja auch anständig...“

Ja, sehr sogar. Nun hatte die Banken und die Unternehmen aber die Möglichkeit, ihre Mitarbeiter an einen einzigen Ort zu schicken, an dem sie sich mit den Beamten und Politikern Europas treffen konnten. Vorher mussten sie in vielen verschiedenen Staaten ihre Interessen durchsetzen.

In Brüssel hatten und haben sie jetzt die Möglichkeit Einfluss auf die Politik eines Wirtschaftsraums mit rund 510 Millionen Einwohnern zu nehmen.

„Ähnlich wie in Washington?“

Richtig. Wobei in Washington die Geschicke von rund 330 Millionen Amerikanern gelenkt werden. Brüssel ist also noch interessanter. Diese Vertreter der Wirtschaftsinteressen nennt man „Lobbyisten“. Die Seehofer auch schon erwähnte. Du weißt ja, dass es der Wirtschaft immer um Gewinne geht. Also kannst du dir denken, was diese Lobbyisten wollen. Es geht darum, dass die Auftraggeber der Lobbyisten weiter viel Geld verdienen und immer mehr Macht und Einfluss bekommen. Die Bürger in Europa und deren Bedürfnisse interessieren sie dabei nicht so sehr.

„Wohl eher die Möglichkeit mehr Umsatz, weniger Kosten und mehr Gewinn zu machen?“

Damit hast du vollkommen Recht.

„Und was genau machen Lobbyisten?“

Das will ich dir gern beantworten. In Brüssel arbeiten rund 44.000 Beamte und es gibt ungefähr 25.000 Lobbyisten. Rund 11.800 Organisationen nehmen Einfluss auf die dortigen Beamten und Behörden.

Die Lobbyisten haben pro Jahr circa 1.5 Milliarden Euro zur Verfügung.(2)

„1.5 Milliarden Euro pro Jahr? Wofür?“

Sie laden Beamte zum Essen ein, machen Vorschläge für neue Gesetze und beraten Politiker. Ab und zu verschenken sie vielleicht auch mal teure Sachen. Das wäre dann allerdings....?

„Bestechung?“

Richtig. Bestechung gibt es leider immer wieder auf der Welt. Natürlich auch in Brüssel.

Am 20.03.2011 gab es einen Artikel in der Zeitung Die Presse. Zuvor hatte die britische Sunday Times Firmen erfunden und angebliche Lobbyisten zu EU Abgeordneten geschickt.

„Es wurden lukrative Zahlungen in Aussicht gestellt, wenn die Abgeordneten Schutzbestimmungen für Kleinanleger im Sinne von Investmentbanken aufweichen.“ (3)

Einer, der auch darauf reinfiel, war der ehemalige österreichische Politiker Ernst Strasser. Er erzählte sogar, dass er in dem Jahr, neben seiner Tätigkeit als EU Abgeordneter, 500.000,--€ von „Kunden“ erhalten hätte.

Wenn Beamte aufhören für die EU zu arbeiten, gehen sie häufig zu den Unternehmen, mit denen sie zuvor Verbindungen hatten und werde dann als Lobbyisten für sie tätig.

Ich nenne dir mal ein Beispiel. Du kennst ja Google. Die sitzen im sonnigen Kalifornien. Die Gründer waren zwei clevere, nette Jungs, die sicher nicht ahnten, was für eine Wirtschaftsmacht sie werden.

1997 gestartet, gehört Google heute zu Alphabet Inc. Daraus ist inzwischen eine gigantisch große Firma geworden und diese ist in diversen Bereichen aktiv:

Access & Energy: betreibt Netzwerke, darunter Fiber

Calico: Biotechnologie und Gentechnik

Cronicle: Sicherheitstechnologie

DeepMind: Anwendung Künstlicher Intelligenz

CapitalG: investieren in andere Unternehmen

Jigsaw: Betreuung von Unternehmensgründungen

Sidewalk: Verkehrsmanagement und Werbemittel

Verily: Life Science, Biowissenschaften

GV Google Ventures: Wagniskapital-Finanzierung

Waymo: Selbstfahrende Autos

Google Glass und **Project Loon:** Ausbau des Internets

Alphabet Inc. macht inzwischen Umsätze von bis zu 10 Milliarden Dollar - pro Monat! Davon große Teile in Europa. Und natürlich hat Alphabet Inc. sehr viele Lobbyisten in Brüssel. Von denen sind 50-60% ehemalige Beamte der EU.(4)

„Über die Hälfte waren vorher bei der EU tätig?“

Ja. Kannst du dir vorstellen, warum sie früher Beamte waren und jetzt für Alphabet Inc. arbeiten? Um zu helfen, die Löhne der Angestellten in Europa zu erhöhen?

Oder um bessere Renten für unsere europäischen Senioren zu gestalten? Um die Arbeitsbedingungen für die Mitarbeiter zu verbessern? Um das Leben der Menschen in Europa glücklicher zu machen?

„Wohl kaum.“

Glaubst du, dass diese ehemaligen Beamten irgendetwas Positives für die Menschen in Europa machen oder kannst du dir eher vorstellen, dass sie mehr Geld für diese amerikanische Firma in Europa raus holen wollen?

„Das zweite ist wohl eher im Interesse von Alphabet.“

Genau. Alphabet hat durch geschicktes Taktieren in Europa mit Niederlassungen in Irland und den Niederlanden Milliarden an Steuern gespart. (5)

„Natürlich alles ganz legal…“

Natürlich und nun stelle dir vor, wie viele Unternehmen es auf der Welt gibt, die in Europa Geschäfte machen oder machen wollen. Alle möchten für sich beste Bedingungen, möglichst geringe Löhne und wenig Steuern.

Mehr Umsatz, weniger Kosten, mehr Gewinn....

Kann das für die Menschen in Europa gut sein?

„Sicher nicht. Wurde der Euro auch im Interesse der Wirtschaft eingeführt?“

Kapitel 8

DIE EINFÜHRUNG DES EURO

„Ein Habsüchtiger lässt sich durch keinen Gewinn sättigen."

(Seneca)

Gut kombiniert. Gesagt wurde, dass es für die Menschen in Europa einfacher würde zu reisen, kein Geld mehr im Urlaub wechseln zu müssen, die Bankgeschäfte einfacher würden usw.

Eigentlich nichts wirklich Relevantes für die normalen Bürger. Ich war damals schon 42 und kann mich an kein Argument erinnern, das ich positiv für mich als Mensch empfunden hätte.

„Es gab also keine wirklichen Vorteile für die Bewohner Europas?"

Nein. Wie ich dir schon erzählt habe, werden die Einwohner in Europa immer weniger und es gibt immer mehr Rentner.

Die Einführung des Euros war daher, nicht nur nach meiner Meinung, ein genialer Schachzug der Wirtschaft um die Preise der Produkte nach und nach fast zu verdoppeln und die Kosten der Löhne gleichzeitig beizubehalten, nur mäßig zu erhöhen oder sogar zu verringern. Dies gilt speziell für Deutschland.

Die Unternehmen wussten ja schon lange, dass wir weniger werden und die Umsätze somit sinken.

„Da kommt eine neue Währung gerade zum richtigen Zeitpunkt, um sinkende Umsätze durch Preiserhöhungen auszugleichen."

So ist es. Ich habe mich einmal mit Frank Schirrmacher unterhalten können, den ich bei einer Veranstaltung im Hamburger Übersee Club kennen lernte. Er war Mitherausgeber der Frankfurter Allgemeinen Zeitung und Buchautor. Wir waren durchaus einer Meinung über die Einflussnahme der Wirtschaft auf die Politik.

„Immer wieder: mehr Umsatz, weniger Kosten, mehr Gewinn!"

Richtig. Daher geht die Wirtschaft alle Wege um den, „dummerweise" jetzt weniger werdenden Menschen immer mehr Geld aus der Tasche zu ziehen. So erhöhen sie ihre Umsätze und Gewinne nicht einfach durch den Verkauf von mehr Waren, kleineren Mengen, Manipulationen in der Werbung und den Medien, sondern natürlich auch durch Erhöhungen der Preise.

Es gab im Jahr am 28.11. 2011 einen Artikel in der Zeitschrift Focus.(1)

Darin stand wortwörtlich:

„Der Euro macht uns ärmer.“

Und das sogar offizielle Behörden nicht leugneten, dass unglaubliche Preiserhöhungen stattfanden. Weiterhin wurde dort beschrieben, dass die Händler, Dienstleister und Produzenten schon ein halbes Jahr vor der Euro Einführung anfingen die Preise zu erhöhen. Damit die Konsumenten sich schon mal daran gewöhnen. Als der Euro dann im Jahre 2002 kam, ging es richtig zur Sache.

Sogar der damalige Politiker Hans Eichel wunderte sich in Berlin über den hohen Preis seiner Bratwurst vom Imbiss. Er versuchte sogar, die Bevölkerung zu einem Boykott der verteuerten Waren aufzurufen. Wieder Mal ein lächerlicher Versuch eines Politikers sich gut darzustellen. (2)

„Das hätte er, als für das Wohl der Bürger verantwortlicher Politiker, doch vorhersehen müssen.“

Eigentlich schon, offensichtlich hatte er aber keine Ahnung von den Plänen der Wirtschaftsunternehmen. Dabei war er der damalige Finanzminister. Allerdings war er vorher Lehrer.

„Sein Wissen über Finanzen war daher vielleicht nicht so ausgeprägt?“

Das ist durchaus möglich, mein schlaues Kind.

„Und für die normalen Bürger gab es keine Verbesserungen?“

Nein. Grundnahrungsmittel wie Reis, Kartoffeln, Milchprodukte, Gemüse, Obst - nahezu alles wurde nach dem Euro binnen kürzester Zeit teurer.

Aber auch staatliche Betriebe wie die Deutsche Bahn nutzten das. Wenn du ein Ticket der Bahn, dass du nicht genutzt hast tauschen willst, erhebt die Bahn eine Bearbeitungsgebühr.

Dies kostete 2001 noch 17,--DM. Ein Jahr später wurden daraus schon 15 Euro.

„Also fast 30,-- DM. Und was kostet es heute?“

Im Jahre 2018 kostet es 19 Euro.

„Das wären dann ja rund 38,--DM. Also 120 % mehr als 2001?“

So ist es, beste Tochter. Und ich kenne niemanden, der seit dem Euro 120% mehr Gehalt bekommt. Dennoch behaupten unsere Medien und Politiker, dass die Produkte seit der Euro Einführung ja gar nicht viel teurer geworden seien.

„Konnte man früher mehr für sein Geld kaufen?“

Absolut. Die Kaufkraft unserer Bürger war wesentlich besser. Dein Großvater hat zum Beispiel 1969 ein neues Haus gebaut und wir waren drei Kinder. Ein Mercedes, ein Jahresplatz auf einem Campingplatz an der Ostsee und Urlaube in Italien waren neben dem neuen Haus auch noch drin.

Dabei waren wir ja nun keine Millionäre. Dein Opa war Beamter und deine Oma arbeitete halbtags bei einer Versicherung. Das alles war damals mit einer normalen Bezahlung möglich. Es ging allen Familien, die ich kannte, nicht nur gut, sondern sehr gut.

Und wirklich niemand hatte ein finanzielles Problem, um seine Kinder zur Klassenfahrt zu schicken.

Das ist heute allerdings anders. Seit dem Euro hatte Deutschland zwischen 2000 und 2013 die niedrigste Lohnentwicklung in ganz West-Europa. Es wird sogar offen geschrieben, dass die deutsche Wirtschaft und Politik seine Arbeiter ausbeutet. (3)

Während die Preise seit dem Euro rasant stiegen, wurden die Löhne für die Arbeitnehmer natürlich nicht verdoppelt. Die Gewinne der Unternehmen, mit Ausnahmen, zum Beispiel während der Finanzkrise, sprudeln und gerade jetzt freuen sich viele Unternehmen wieder über hohe Gewinnsteigerungen.

Hier nur einige Beispiele aus den ersten Monaten in 2018:

HypoVereinsbank:890 Millionen € (+ 221 %)

Lufthansa: 416 Millionen € (+ 154 %)

Bayer: 1,6 Milliarden € (+ 151 %)

Deutsche Post: 1,3 Milliarden € (+ 51 %)

Deutsche Bank: 3 Milliarden € (+ 34 %)

Deutsche Börse: 329 Millionen € (+ 61 %)

BASF: 2,4 Milliarden € (+ 53 %)(4)

Bereits 2017 gab es Berichte, dass die Euroland Firmen im wahren Gewinnrausch sind. Allen voran die Banken. (5)

„Aber die Arbeitnehmer, ohne die es gar keine Gewinne geben würde, haben sicher nicht bis zu 221 % höhere Gehälter erhalten, oder?“

Natürlich nicht. Es gab über die niedrigen deutschen Gehälter am 29.04.2018 sogar eine Analyse in der Tagesschau.

„Millionen Menschen arbeiten in Vollzeitjobs. Aber sie kommen nicht über ein Monatsbrutto von 2.000,-- Euro hinaus. Besonders stark betroffen ist Ostdeutschland, zeigen Zahlen des Bundesarbeitsministeriums.(6)

Die Partei der Linken hatte mal eine Anfrage an das Bundesarbeitsministerium gestellt. Dabei kam heraus, dass fast 4 Millionen Arbeitnehmer weniger als 2.000,--€ brutto im Monat verdienen.

Das sind in etwa 18% aller Beschäftigten, die in Vollzeit arbeiten. Die Wirtschaft profitierte extrem vom Euro, die normalen Menschen leiden darunter, sie wissen es nur kaum noch.

Ich habe Vorträge eines in der Schweiz lebenden Finanzexperten besucht – er sagte, dass er die Deutschen nicht verstehen könne. Um die gleiche Kaufkraft wie vor dem Euro zu haben, müssten doch alle eigentlich erst einmal 80% mehr Gehalt bekommen. Das sich niemand darüber Gedanken macht, war ihm immer ein Rätsel.

„Unglaublich. Welche Länder wollten eigentlich den Euro?“

Gute Frage, mein Kind...

Wer hat den Euro gewählt? Die 28 Mitgliedsstaaten der EU sind:

Belgien, Bulgarien, Dänemark, Deutschland, Estland, Finnland, Frankreich, Griechenland, Großbritannien, Holland, Italien, Irland, Kroatien, Lettland, Litauen, Luxemburg, Malta, Österreich, Polen, Portugal, Rumänien, Schweden, Slowakei, Slowenien, Spanien, Tschechien, Ungarn und Zypern.

Davon haben folgende, noch glückliche Länder, nicht den Euro:

Tschechien, Polen, Dänemark, Schweden, Kroatien, Rumänien, Ungarn, Großbritannien und Gott sei dank auch noch nicht Bulgarien.

Großbritannien verlässt ja intelligenterweise die EU nachdem das Volk dort abstimmen konnte. Witzig ist, dass alle Medien negativ darüber berichtet haben und Horrorszenarien für die englische Wirtschaft voraussagten.

Tatsache ist, dass die britische Wirtschaft seitdem wächst. (7)

Sehr amüsant finde ich dabei, dass die britische Wirtschaft in 2019 um rund 0.8% wachsen soll, während die deutsche Wirtschaft nur noch um 0.7% wachsen soll. Entgegen vieler Erwartungen erholt sich auch die US Wirtschaft gerade mit einem Wachstum von sagenhaften 2.6% und einem soliden Arbeitsmarkt. (8)

„Das mögen viele sicher nicht hören."

Davon kannst du ausgehen. Die Befürworter des Brexit gaben übrigens folgende Punkte zu bedenken:

1. Großbritannien spart rund 400 Millionen Euro - pro Woche!

Dieses Geld ging bislang an die EU und kann ab dem Ausstieg wieder für das Land verwendet werden.

2. Sie können ihre Grenzen wieder selbst überwachen.

3. Sie können die Einwanderung nach eigenen Kriterien gestalten.

4. Sie können trotz Brexit frei am Welthandel teilnehmen - und die Wirtschaftsdaten geben ihnen jetzt schon Recht.

5. Sie können wieder eigene Gesetze machen, ohne von der EU bevormundet zu werden.(9)

Selbst wenn einige Punkte nicht zutreffend sein sollten, bleiben genügend um darüber nachzudenken. Deutschland ist jetzt schon mit ca. 30 Milliarden Euro jährlicher Zahlungen an Brüssel dabei. Und die EU möchte von unseren Steuern in Zukunft weitere 15 Milliarden Euro pro Jahr. (9a)

Weil die Briten ja weg sind. Eigentlich müsste es aber billiger werden, wenn jemand aus der Gemeinschaft ausscheidet. Nur in Brüssel wird es teurer.

„45 Milliarden Euro im Jahr sollen wir dann nach Brüssel überweisen? Also rund 870 Millionen pro Woche?“

So ist es. Nun wohnen ja in unserer Familie tatsächlich noch drei Generationen unter einem Dach. Und jeder zahlt seinen Teil für das Wohnen. Wenn bei deiner Oma weniger in der Kasse wäre, weil du nach deinem Studium aus dem Haus ziehst, würde sie aber auch weniger Geld benötigen, weil die Kosten sinken. Nie käme sie auf die Idee das Haus zu vergrößern, mehr Kosten zu verursachen und die weiter im Haus lebenden Familienmitglieder stärker zur Kasse zu bitten, oder?

„Ja klar, das ist doch logisch."

Logisch schon. Aber genau so macht es die EU. Großbritannien tritt aus, es müssen weniger EU-Gelder an Großbritannien gezahlt werden aber in Brüssel wird expandiert und die verbleibenden Mitglieder sollen jetzt mehr zahlen.

Zu den deutschen Kosten für Brüssel kommen noch unsere Bürgschaftsrisiken für Kredite an andere Euro-Staaten. Das können nochmal 300 Milliarden und mehr werden, wenn einige Länder nicht zahlen können. Aber dann haben unsere Politiker unsere Finanzen ohnehin verpulvert.

„Dann haben die Briten wohl alles richtig gemacht."

Das sieht so aus. Die meisten Europäer wurden ja auch nicht gefragt ob sie den Euro wollen. Das haben die Politiker der einzelnen Länder beschlossen. Weil sie gewählt waren, hatten sie die Möglichkeiten dazu.

Schon der verstorbene ehemalige deutsche Bundeskanzler Helmut Kohl, der unbedingt den Euro haben wollte, hatte zugegeben:

„Eine Volksabstimmung über die Einführung des Euro hätten wir verloren. Das ist ganz klar. Ich hätte sie verloren." (10)

Und das er sich dabei wie ein Diktator verhalten hat. Gegen den Willen des deutschen Volkes.

„Was sagst du da, Papa? Ein einzelner Politiker hat das entschieden? Obwohl er wusste, dass die Mehrheit der rund 82 Millionen Bürger, die seinen Job bezahlen das nicht wollten?“

Ja, beste Tochter. Das hat er im Alleingang durchgesetzt. Das war ziemlich unmoralisch, nicht wahr?

„Das war nicht unmoralisch. Das war in meinen Augen eine Schweinerei. „Zum Wohl des deutschen Volkes!“ So steht es doch am Bundestag. Wozu wählt und bezahlt man Politiker? Eine Diktatur hatten wir schon.“

Die Länder in denen eine Volksabstimmung stattfand waren nur Frankreich, Irland und Dänemark. Meistens ließen sich die Bürger zu einer Zustimmung bewegen. In Dänemark war anfangs aber eine breite Schicht dagegen. So, wie auch wohl die Deutschen abgestimmt hätten

„Wenn man sie gefragt hätte…“

Genau. Rund 56% waren gegen den Euro, unter den Frauen sogar fast 60%. Befragt wurden die Menschen aber erst später. Zu spät.

Daher fanden die Politiker es sicher besser nicht erst zu fragen. Die deutschen wurden einfach vor vollendete Tatsachen gestellt. Wie kleine Kinder, die nichts entscheiden können.

„Lobbyisten halfen vielleicht auch dabei, dass nicht gefragt wurde.“

Das denke ich auch. Verkauft wurde das Ganze, wie schon erwähnt, so, dass es für alle Bürger viel einfacher wäre zu reisen, man kein Geld im Urlaub tauschen müsse und dass es Wohlstand für alle in Europa geben würde.

„Sicher unter intensiver Mithilfe der Medien. Also wieder Manipulation pur?“

Natürlich, mein Kind. Am 04.05.15 schrieb die Zeitung „Deutsche Wirtschaftsnachrichten“, dass es teure und somit also bezahlte Imagekampagnen für die Einführung des Euros gab. (11)

Die Wirtschaft profitierte massiv durch die Erhöhungen der Preise aber auch durch weniger Währungsschwankungen in den EU-Ländern. Das nennen Banken sogar ganz offiziell Währungsrisiken.

„Verschiedene Währungen sind also ein Risiko? Aber nur für Banken und Unternehmen!“

Sicher, du und ich haben im Urlaub, wie hier am Sonnenstrand in Bulgarien, kaum ein Problem damit Geld zu wechseln. Und wenn du mal etwas in Amerika bestellst, hast du sicher auch keine Angst vor dem Währungsrisiko.

„Nein, natürlich nicht.“

Mit der Einführung des Euros tat sich jetzt ein Markt mit über 500 Millionen Konsumenten auf, in dem Warenverkehr, Bankbuchungen und Rechnungslegungen wesentlich einfacher wurden.

Die USA haben zum Beispiel etwa 330 Millionen Einwohner, einen Markt und eine Währung. Einfach zu handhaben. Daher freuten sich auch viele US-Unternehmen über die neuen Möglichkeiten und geringeren Währungsrisiken ihrer Exporte nach Europa. Die USA haben überall großen politischen Einfluss und verbinden dabei ihre wirtschaftlichen aber auch militärischen Interessen. Seitdem es die EU gibt, investieren sie zum Beispiel massiv in Militärbasen in Estland, Lettland, Litauen, Polen, Tschechien, Rumänien und Bulgarien.(12)

Wie eine Perlenkette und immer schön zwischen Deutschland und Russland. Das ist alles schon lange geplant.

„Lange geplant? Aber Papa, das klingt nach Verschwörungstheorie.“

Das ist es aber leider nicht. Merke dir mal den Namen George Friedman...

„George Friedman – merk ich mir.“

Es ist schwer eine Währung für alle zu haben. Geld ist wichtig im Leben. Ohne Geld macht es wenig Spaß. Vor dem Euro hatten die Staaten alle eine eigene Währung. Danach richteten sich die Preise für Lebensmittel, Wohnungen usw. in den jeweiligen Ländern. In Ländern mit hohem Einkommen war es teurer und in Ländern mit weniger Einkommen war das Leben eben billiger.

Wenn man zum Beispiel in den Süden in den Urlaub fuhr konnte man sein deutsches Geld dort tauschen und günstig einkaufen. Für die Menschen, zum Beispiel in Griechenland oder Italien, war es aber ok. Sie hatten zwar weniger Geld als die Deutschen aber ihre Produkte waren günstiger und sie zahlten weniger Steuern. So konnten sie zufriedener in ihrem Land leben als heute. Wenn sie etwas Teureres wollten, nahmen sie einen Kredit auf oder kauften es eben nicht. So, wie die Bürger in Deutschland und überall auf der Welt.

„Wir können eben nicht alle Ferrari fahren!“

Na ja, wenn die Bürger mehr von ihrem Lohn hätten...

In der EU gab es tolle Ideen der Politiker, dass alle in Europa Stück für Stück den gleichen Lebensstandard erreichen sollten. Später wurde auch noch beschlossen, dass die ärmeren Länder Kredite von den Ländern erhalten, die viel Geld haben. Gleichzeitig sollten alle bestimmte Bedingungen einhalten und ihre Wirtschaft und die Kosten für den Staat optimieren.

Das sind die Bedingungen für Staaten um in die EU zu kommen:

1.Institutionelle Stabilität, demokratische und rechtsstaatliche Ordnung, Wahrung der Menschenrechte sowie Achtung und Schutz von Minderheiten.

2. Eine funktionsfähige Marktwirtschaft und die Fähigkeit, dem Wettbewerbsdruck innerhalb des EU-Binnenmarktes standzuhalten.

3. Die Fähigkeit, sich die aus einer EU-Mitgliedschaft erwachsenden Verpflichtungen und Ziele zu eigen zu machen das heißt: Übernahme des gesamten gemeinschaftlichen Rechts und des „gemeinschaftlichen Besitzstandes“.

„Hört sich toll an.“

Natürlich. Und wenn ein Land die Bedingungen erfüllte, gab es Kredite. Aber leider schummelten einige Länder bei den Zahlen, die sie angaben. Dass viele Politiker, trotz vieler Mitarbeiter, keine Ahnung von Finanzen haben oder aber etwas gar nicht sehen wollen, ist am besten durch die Griechenland Krise zu belegen.

Kapitel 9

DIE GRIECHISCHE TRAGÖDIE

„Wenn der Staat in Ordnung ist, wird die große Gemeinschaft der Menschen in Frieden leben."

(Konfuzius)

„Was passierte da eigentlich?“

Das kann ich dir erzählen. 1981 wurde Andreas Papandreou Ministerpräsident in Griechenland. Ursprünglich war er gegen eine Mitgliedschaft in der damaligen EG. Als er aber erkannte, dass man dort günstig und relativ einfach Gelder der anderen Staaten bekommen konnte, änderte er seine Meinung und nahm jahrelang immer mehr Kredite auf.

„Warum lieh er sich denn immer mehr Geld?“

Er finanzierte damit hohe Pensionen, Sozialleistungen und einen immer größer werdenden Beamtenapparat mit guter Bezahlung. Leider kümmerte er sich dabei weniger um Steuereinnahmen. Er war von 1981 bis 1989 Ministerpräsident.

Danach versuchten griechische Politiker zu sparen. Das wiederum gefiel den Griechen natürlich nicht und so wählten sie 1993 wieder Papandreou.

„Das war klar. Es ging den Bürgern ja gut mit ihm.“

Von 1981 bis 2006 liehen sich die Griechen rund 52 Milliarden Euro von der EU - dem Geld der Steuerzahler der anderen Länder, die dafür bürgten. Bis 2013 kamen weitere Milliarden dazu. Obwohl so viel geliehen wurde, erfüllte Griechenland angeblich im Jahre 2000 die Kriterien um den Euro einführen zu können.

Allerdings waren die Griechen nicht die Einzigen, die bei den Kriterien tricksten. Italien, Frankreich aber auch Deutschland erwiesen sich ebenfalls als sehr geschickt in ihrer Buchhaltung.

Bei den griechischen Zahlen wurde dabei etwas nachgeholfen. Mit gut bezahlter Unterstützung der amerikanischen Bank Goldman und Sachs.

„Goldman und Sachs?“

Ja, die hatten ihre Experten für „kreative Buchhaltung" geschickt. Merke dir ruhig den Namen Goldman und Sachs. Von denen wirst du noch oft hören.

„Ok, Goldman und Sachs und Friedman kann ich mir merken.“

2009 wurde dann Giorgos Papandreou Regierungschef in Athen. Er war der Sohn des früheren Ministerpräsidenten Alexander Papandreou. Und er gab zu, dass die „angeblichen Finanzexperten" in Brüssel jahrelang belogen wurden. Im Jahre 2010 benötigten die Griechen dann weitere 110 Milliarden. (1)

„Wo leihen sich Politiker Geld für ihr Land?"

So wie alle Menschen, beste Tochter der Welt. Bei Banken aber auch bei Versicherungen und Fondsgesellschaften. Die Bürgschaften dazu geben in der EU dann die anderen Staaten und die nehmen die Steuereinnahmen der Menschen in ihren Ländern als Sicherheit.

Die Bürgschaften über 110 Milliarden Euro für Griechenland kamen 2010 vom IWF, den einzelnen Euroländern und der EZB. Der IWF ist dabei als Darlehensgeber eine ganz harte Nummer - sie geben dir ein Darlehen, diktieren dann aber ihre knallharten Bedingungen. So machen sie es auch in Entwicklungsländern und verfolgen dabei kaum humanitäre, sondern immer wirtschaftliche Interessen.

Und 2012 benötigte Athen schon wieder weitere Kredite, um seine Gläubiger wie Banken, Versicherungen und Investmentfonds zu bedienen. (2)

Bis 2016 betrugen die griechischen Staatsschulden dann über 300 Milliarden Euro.

„Versicherungen und Fondsgesellschaften leihen Staaten Geld?“

So ist es. Sie machen beste Geschäfte damit, mein Kind. Sie verleihen Geld an Staaten und kassieren Zinsen. Zinsen sind ja ihre Gewinne. Und die sind enorm. Aber jetzt mal ein Beispiel zur griechischen Tragödie.

Du erinnerst dich doch an die Familie bei uns im Dorf, die zwei große Autos hatten, immer Partys gefeiert hatten und laufend im Urlaub waren? Die jetzt nicht mehr hier wohnen, weil ihr Haus versteigert wurde?

„Ja, die haben immer ziemlich geprotzt.“

Stelle dir mal vor, wenn alle bei uns im Dorf diesen Leuten, die nie gespart hatten oder auf etwas verzichtet haben jetzt ihr hart verdientes Geld geben würden damit die Familie wieder auf die Beine kommt - wäre das ok?

„Da bin ich mir nicht sicher.“

Man könnte darüber nachdenken ihnen Geld zu leihen um zu helfen. Aber nur, wenn danach sicher wäre, dass die Familie versteht, dass ihr Verhalten nicht in Ordnung war, sie sich ändern und dann alle aus dem Dorf ihr Geld mit Zinsen zurück bekommen und so etwas dabei verdienen.

„Dann wäre es ok.“

So dachten die EU Politiker vielleicht auch als sie wieder und wieder Geld an Griechenland verliehen haben.

Allerdings ist es ja nicht das private Geld der Politiker, sondern das Geld der Menschen in Europa mit dem sie arbeiten.

Und jede Bank sichert sich extrem ab, um verliehenes Geld und Zinsen zurück zu bekommen. Die Sicherheit für die Darlehen an Griechenland sind aber die Steuerzahlungen der Bürger Europas. Und die Deutschen, die ohnehin die höchsten Steuern zahlen, bürgen mit den größten Beträgen.

Interessanterweise haben die griechischen Bürger ein höheres Privatvermögen als wir in Deutschland.

„Die haben mehr als wir und leihen sich trotzdem Geld?“

Richtig. Wie bereits gesagt-fast alle in der EU haben mehr Privatvermögen als die Deutschen.

Für Banken sind diese Kredite aber éin gigantisches Geschäft. Und abgesichert mit den Steuern der europäischen Bürger!

„Und wie geht es weiter mit der EU?“

Kapitel 10

DIE EU UND DIE BANKEN

„Ich habe bisweilen den Eindruck, dass sich die meisten Politiker immer noch nicht darüber im Klaren sind, wie sehr sie bereits heute unter der Kontrolle der Finanzmärkte stehen und sogar von diesen beherrscht werden.“

(Prof. Dr. Dr. h. c. mult. Hans Tietmeyer, Ex-Bundesbankpräsident, am 03.02.1996)

Wie es weiter geht? Das ist meiner Ansicht nach schon längst beschlossene Sache.

Es gibt ja diese Planungen der UN aus dem Jahre 2000. Hier mal ein kleiner Ausschnitt aus diesen Bestandserhaltungsplanungen...

„Bestandserhaltung? Das hört sich ja an wie ein Viehzüchter."

Da hast du Recht. So reden Viehzüchter über ihre Herden. Und gehe davon aus, dass in Unternehmen ähnlich über Kunden geredet wird.

„In der ersten Hälfte des 21. Jahrhunderts dürfte die Bevölkerung in den meisten Industriestaaten auf Grund von unterhalb der Bestandserhaltung liegenden Fruchtbarkeitsraten und steigender Lebenserwartung zurückgehen.

„Ohne Zuwanderung wird die Bevölkerung noch drastischer zurückgehen und noch rascher altern als nach den bisherigen Prognosen."

„Obwohl die Fruchtbarkeitsrate in den nächsten Jahrzehnten durchaus wieder ansteigen könnte, glauben nur wenige Experten, dass sie ein Niveau erreichen wird, das in den meisten Industriestaaten in

absehbarer Zukunft den Bevölkerungsbestand sichern kann.“

„Daher wird ohne Bestandserhaltungsmigration ein Rückgang der Bevölkerung unvermeidlich sein.“ (1)

„Sie reden sogar über Fruchtbarkeitsraten?“

Oh, ja und es kommt noch besser.

„Der prognostizierte Bevölkerungsrückgang und Alterungsprozess wird tiefgreifende und weitreichende Folgen haben und die Regierungen zwingen, zahlreiche überkommene Maßnahmen und Programme im wirtschaftlichen, sozialen und politischen Bereich, so auch soweit sie die Zuwanderung aus dem Ausland betreffen, neu zu bewerten.“ (1)

„Die Wahrheit dahinter dürfte aber woanders liegen. Sicher wieder im Interesse der Wirtschaft.“

Genau. In Deutschland klagen wir ja über hohe Mieten und Wohnungsnot. Das Thema wäre bei einem Bevölkerungsrückgang in wenigen Jahren erledigt. Die Mieten und Kaufpreise würden sich rückläufig entwickeln, die Menschen hätten eher die Möglichkeit sich

Immobilien zu kaufen und mietfrei im Alter zu leben. Arbeitskräfte wären gesuchte Leute und würden gut bezahlt werden.

Aber unsere Politiker haben ohnehin nicht mehr die volle Kontrolle über ihre Entscheidungen und die Verwaltung der Gelder der eigenen Bürger.

„Wegen der EU in Brüssel?“

Ja, durch immer neue Verträge wird die Verwaltung der EU in Brüssel nämlich immer mächtiger. So mächtig, dass sie in vielen Punkten keine weiteren Zustimmungen der einzelnen Länder und der Vertreter der einzelnen Völker brauchen. Sie können immer mehr allein entscheiden obwohl sie nicht direkt gewählt sind. Und sie streben an, dass ganz Europa unter ihrer Kontrolle ist und die einzelnen Nationen sich immer weniger dagegen durchsetzen können.

EU-Recht steht zunehmend über nationalem Recht. Die Länder und somit die Bürger dieser Länder verlieren immer mehr an Mitbestimmung, weil sie kaum noch gefragt werden. Schon im Jahr 2007 gab es folgendes Urteil des Europäischen Gerichtshofs:

„Nationale Gerichte dürfen sich laut dem Richterspruch nicht über EU-Recht hinwegsetzen und müssen gegebenenfalls heimische Gesetze und Vorschriften außer Acht lassen (AZ: C-119/05).“ (2)

Jean Claude Juncker, EU-Kommissionspräsident, kündigte schon an, dass er den Euro in alle EU-Länder einführen möchte.

Was die Bevölkerungen davon halten scheint ihm egal zu sein. Meine bulgarischen Freunde haben regelrecht Angst vor dem Euro, weil sie wissen, dass dann alles teuer wird. Sie gehen aber bereits jetzt schon davon aus, dass sie nicht gefragt werden, ob sie den Euro wollen denn inzwischen gibt es auf Euroscheinen auch schon ein kyrillisches Euro-Symbol–also in ihrer Schriftart.

„So, wie damals bei uns Deutschen. Helmut Kohl sagte ja schon, dass er wie ein Diktator gehandelt hat. Kommt Juncker jetzt ebenfalls damit durch?“

Das wird die Geschichte zeigen. Bislang kam er unbeschadet mit vielen Dingen durch. Ich habe hier mal einige Zitate aus der Zeitschrift Der Spiegel von ihm und über ihn:

„Wir beschließen etwas, stellen das dann in den Raum und warten einige Zeit ab, was

passiert", verrät der Premier des kleinen Luxemburg über die Tricks, zu denen er die Staats- und Regierungschefs der EU in der Europapolitik ermuntert.

„Wenn es dann kein großes Geschrei gibt und keine Aufstände, weil die meisten gar nicht begreifen, was da beschlossen wurde, dann machen wir weiter - Schritt für Schritt, bis es kein Zurück mehr gibt."

„So wurde bei der Einführung des Euro verfahren, als tatsächlich kaum jemand die Tragweite der ersten Beschlüsse 1991 zur Wirtschafts- und Währungsunion wahrnehmen mochte." (3)

Seine Einstellungen zu Demokratie und Anstand den Wählern gegenüber, für die er die Lebensbedingungen zum Glück eines jeden einzelnen verändern sollte, hat er vielleicht auch mit folgenden Aussagen gezeigt:

„Die Dinge müssen geheim und im Dunkeln getan werden."(4)

„Wenn es ernst wird, muss man lügen." (5)

2014 fand eine Untersuchung gegen ihn statt. Vorwurf war, dass er der Firma Amazon seit 2003, damals war er noch Premierminister von Luxemburg, Steuervorteile gewährt habe.

In 2013 haben Tochterfirmen von Amazon in Luxemburg etwa 0.5% Steuern bezahlt.

Die Unternehmen FedEx, IKEA, PepsiCo, Procter & Gamble, Deutsche Bank, E.ON, Fresenius Medical Care sollen laut einer Recherche von 2014 auch davon profitiert haben.(6)

Sogar der NDR fand das erwähnenswert. (7)

„So ein Mann ist Präsident der EU?“

Aber warum denn nicht. Du fragst dich doch auch, wie manche Menschen zu hoch dotierten und vom Steuerzahler finanzierten Posten kommen konnten. Schön wäre allerdings, wenn auch die Bürger in Europa nur 0.5% Steuern zahlen müssten. Die Deutschen Arbeiter und Angestellten arbeiten statt dessen bis zum 19.Juli eines Jahres für den Staat. Ohne darüber nachzudenken, wie es scheint. Die oben genannten Unternehmen sind bei 0.5% Steuern am 2. Januar fertig...

„Vielleicht klappt es ja wenn alle ihm etwas von den gesparten Steuern abgeben würden?“

Aber, aber, beste Tochter. Das wird er sicher nicht machen.

„Natürlich nicht, das wäre ja korrupt."

Richtig. Ich möchte dir kurz zeigen, wie die EU für Banken sorgt. Solange sie gute Gewinne machen ist alles hübsch für sie.

Wenn Banken aber aufgrund falscher Entscheidungen Probleme bekommen, lassen sie sich liebend gern vom Steuerzahler retten. Von 2008 bis 2015 haben unsere deutschen Bürger über 230 Milliarden für die Rettung von Banken ausgegeben.(8)

„Was? 230 Milliarden für Bankenrettungen?"

So ist es. Das wissen sicher die Wenigsten. Aber wir Deutschen gelten ja auch als finanzielle Analphabeten...

„Wir sind finanzielle Analphabeten?"

Ja, so stand es sogar wortwörtlich in einem Artikel der Zeitschrift „Der Spiegel" vom 16.03.2004. (9)

Kaum jemand beschäftigt sich intensiv mit diesen Themen.

Und auch nach einer Umfrage aus dem Jahr 2017 gaben über 50% der Befragten zu, dass sie von Finanzen kaum Ahnung haben.(10)

„So, wie Kevin Kühnert von den Grünen? Der kein Studium beendet, keinen Beruf erlernt hat, nur kurzzeitig außerhalb der Politik für sein Einkommen sorgen musste aber BMW enteignen wollte?“

Kann gut sein, dass auch er zu den über 50% gehört, die von Finanzen keine Ahnung haben. Allerdings gehört Kevin Kühnert zur SPD. Das kann man aber heute schon mal verwechseln...

Und sicher hat er sich ausführlich über Fakten informiert, bevor er als verantwortungsvoller Politiker solche Aussagen traf...

„Na klar...“

Zu den Bankenrettungen noch ein weiteres Beispiel aus Griechenland.

Hier siehst du, wofür die griechische Regierung im Jahr 2015 die Gelder des rund 230 Milliarden Euro schweren Hilfspakets verwendet hat:

Ausgaben Staatstätigkeit: 81,3 Mrd. Euro – für Griechenland

Ablösung von Altschulden: 48,2 Mrd. Euro – an Banken

Bankenrestrukturierung: 40,6 Mrd. Euro – an Banken

Zinszahlungen: 34,6 Mrd. Euro – an Banken

Schuldenschnitt 2012: 11,3 Mrd. Euro – für Griechenland

Rückkauf von Schulden: 9,1 Mrd. Euro – an Banken

Rückzahlungen an den IWF: 2,3 Mrd. Euro – an Banken

Einzahlungen in den ESM: 27,0 Mrd. Euro(11)

„Über 130 Milliarden flossen also an Banken und den Schuldendienst?“

Richtig, Banken kassierten wieder einmal enorme Gewinne.

„Und dafür gebürgt haben die Bürger in Europa?“

Ja, die EZB sorgt schon dafür...

„Was macht eigentlich die EZB?"

Die EZB ist die Europäische Zentralbank. Sie verwaltet seit 1998 das Geld der EU-Staaten. Und die Staaten bekommen das Geld von den Steuerzahlern. Ihre Aufgabe ist es den Euro zu stabilisieren.

Wenn ein Staat der EU oder eine Bank Geld braucht, weil sie schlecht gewirtschaftet haben dann gibt die EZB ihnen über private Banken Kredite damit sie weitermachen können. Dabei hofft sie, dass es mal besser wird und die Gelder zurückgezahlt werden.

Die Banken bekommen seit einigen Jahren das Geld von der EZB zu sagenhaft niedrigen Zinsen. Zum Beispiel für 0.25%. Diese Gelder verleihen sie an Kunden und Staaten für z.B. 2-6%. Die EZB darf die Gelder nämlich nicht direkt an die Staaten zahlen. Ich denke, dass einige Lobbyisten gern für solche Arrangements gesorgt haben.

„Es lohnt sich also immer für die Banken. Während die Bürger kaum Zinsen für ihre Ersparnisse und Altersvorsorgen bekommen."

Richtig. Die EZB hat auch griechische Staatsanleihen gekauft, als keine reguläre Bank den Griechen weitere Gelder geben wollte. Nur um die Griechen in der Eurozone halten zu können. Dafür erhält die EZB zwar Zinsen, allerdings wesentlich weniger als übliche Banken. Und so geschieht es natürlich auch mit den deutschen Anteilen an den Krediten. Diese Beträge wurden zwar von unseren Steuern gezahlt, vernünftige Zinsen erhalten unsere Bürger aber nicht für ihr Geld.

Und realistisch geht kein Experte davon aus, dass dieses Geld jemals komplett zurück gezahlt wird. Das wird für Griechenland fast unmöglich sein...

„Es sei denn alle Griechen gewinnen beim Lotto den Jackpot."

Gut gesagt...

„Das laufende dritte Hilfsprogramm ist mit 86 Milliarden budgetiert. Nur acht Prozent davon sind für reguläre Ausgaben vorgesehen, der Rest fließt in die Schuldenbedienung und Bankenstützung." (12)

Entweder die Staaten, die schlecht wirtschaften, erholen sich und können das Geld allein zurückzahlen oder aber sie leihen sich neues

Geld. Das holen sie wieder von Banken und die wieder von der EZB. Dann geben die Banken den Staaten aber nur noch den freien Anteil und behalten die Zinsen für die ersten Darlehen direkt ein. So, wie Griechenland von 230 Milliarden zuerst über 130 Milliarden an Schulden begleichen musste. Schönes Geschäft, nicht wahr?

„Das ist wirklich ein gutes Geschäft. Die Banker feiern wahrscheinlich jedes Jahr Champagner-Parties."

Das wäre kein Wunder. Damit alles so schön läuft haben rund 700 Finanzorganisationen etwa 1.700 Lobbyisten in Brüssel. Auf jeden Beamten der EU, der mit Finanzthemen zu tun hat kommen in etwa vier Lobbyisten.

Die Verbraucherschützer, also die Vereinigungen, die etwas für die Menschen Europas tun könnten, haben ganze 33 Mitarbeiter in Brüssel.(13)

Der Witz dabei ist, dass die EU-Länder ursprünglich vereinbart hatten, dass kein Land für die Schulden der anderen aufkommt. Daran will sich aber wohl niemand mehr erinnern.

2010 erfand man die EFSF um ursprüngliche Vereinbarungen zu umgehen:

„Die Europäische Finanzstabilisierungsfazilität ist eine Aktiengesellschaft nach luxemburgischem Recht mit Sitz in Luxemburg (Stadt) und dient als vorläufiger Stabilisierungsmechanismus. Sie wurde am 7. Juni 2010 gegründet.

Im Vertrag von Maastricht, in dem die Währungsunion 1992 beschlossen wurde, sollten finanzielle Unterstützungen für überschuldete Mitgliedstaaten ausgeschlossen werden.

Allerdings wurde dieser Stabilitäts- und Wachstumspakt von den Staaten inzwischen über 60 Mal verletzt, ohne dass auch nur ein einziges Mal die für diesen Fall vertraglich vereinbarten Sanktionen beschlossen wurden."(14)

„60 Mal haben die dagegen verstoßen? Und es gab nie Konsequenzen?“

Nein, warum auch? Warum sollte man sich an Abmachungen halten? Sich an Abmachungen zu halten ist eine Frage der Erziehung. Das machen nur Menschen, wie du und ich. Nicht unbedingt Unternehmen und die Politik.

„Aber es gehört sich doch auch in der Politik, dass man sich an Regeln hält.“

Naja, Einiges gilt für Einige eben nicht.

Eigentlich durften die Politiker nämlich nicht anderen Ländern bei deren Schulden helfen. Aber sie wandten, sicherlich unter Mithilfe ganzer Heerscharen von Lobbyisten und deren Anwälten, einen weiteren Trick an. Sie erfanden noch den ESM:

„Zur Rechtfertigung des vorläufigen Stabilisierungsmechanismus wurde zunächst Art. 122 AEU-Vertrag angeführt, der finanzielle Hilfen für einen Mitgliedstaat erlaubt, wenn dieser „aufgrund von Naturkatastrophen oder außergewöhnlichen Ereignissen, die sich seiner Kontrolle entziehen, von Schwierigkeiten betroffen oder von gravierenden Schwierigkeiten ernstlich bedroht“ wird.“

„Das Verbot für die EZB und die Zentralbanken der Mitgliedstaaten, Körperschaften und Einrichtungen der Union und der Mitgliedstaaten Überziehungs- oder andere Kreditfazilitäten zu gewähren oder unmittelbar von ihnen Schuldtitel zu erwerben, wird durch den ESM nicht umgangen.“

„Dieses Verbot richtet sich nämlich speziell an die EZB und die Zentralbanken der Mitgliedstaaten. Wenn ein oder mehrere Mitgliedstaaten einem anderen Mitgliedstaat unmittelbar oder über den ESM finanziellen Beistand leisten, fällt dies somit nicht unter das genannte Verbot.“(14)

Und schon war der Weg frei um doch Kredite an andere Staaten zu vergeben. Durch eine kleine neue Formulierung.

Gegen das Stabilisierungsmechanismusgesetz, wurden dann mehrere Klagen vor dem Bundesverfassungsgericht erhoben.....

„Das war ja auch Unrecht. Die Klagen waren sicher erfolgreich?“

Nein, die Klagen wurden verworfen und fertig war man damit.

„Die Einrichtung eines provisorischen Stabilisierungsmechanismus wurde im Zuge der Eurokrise auf einer Sondersitzung des europäischen Finanzministerrats in der Nacht vom 9. auf den 10. Mai 2010 beschlossen.

Die deutsche Bundesregierung unter Angela Merkel schlug als Lösungen zunächst den Ausschluss von überschuldeten Staaten aus der Europäischen Währungsunion sowie die Einrichtung einer Staateninsolvenzordnung vor.

Also ein geregeltes Verfahren, durch das ein überschuldeter Staat einen Teil seiner Schulden nicht zurück bezahlen müsste. Beide Vorschläge wurden jedoch von anderen Mitgliedstaaten abgelehnt."(15)

Da wollte Frau Merkel sich mal durchsetzen, weil sie wohl ahnte....

„Das wird bestimmt mal sehr teuer für Deutschland."

Richtig. Wenn man dann liest, wer sich in die europäischen Finanzen einmischt wundert es sicher nicht nur dich. Was hat nur der amerikanische Finanzminister mit deutschen und europäischen Finanzen zu tun, wenn sogar Frau Merkel das nicht wollte?

„Der amerikanische Finanzminister?“

„Nachdem der amerikanische Finanzminister Timothy Geithner seine G7-Kollegen am 7. Mai 2010 zu einer raschen Lösung gedrängt hatte, stimmte schließlich auch Deutschland auf dem Gipfel am 9./10. Mai 2010 zu, einen „Stabilisierungsmechanismus“ einzurichten.

Dieser entstand, vor allem auf französische Drängen hin und unter massivem Zeitdruck, innerhalb eines Wochenendes, da die Beteiligten ihn vor dem Öffnen der Börse Tokio am 10. Mai 2010 um 2 Uhr europäischer Zeit beschließen wollten.“(17)

Der Italiener Silvio Berlusconi sagte später dazu:

„Wenn das Haus brennt, ist es egal, woher das Wasser kommt. Ich bin sehr zufrieden mit diesem Abend. Frankreich und Italien haben sich durchgesetzt.“(18)

„Gegen die deutschen Interessen?“

Tja, seltsam, seltsam, nicht wahr? Aber Wolfgang Schäuble hat schon auf dem „European Banking Congress“ in Frankfurt am Main am 18.11.2011 gesagt:

„... und wir in Deutschland sind seit dem 8.Mai 1945 zu keinem Zeitpunkt mehr souverän gewesen."(16)

„Bitte was? Wir sind keine souveränes Land, das eigene Entscheidungen für die Bevölkerung treffen kann?"

Gut bemerkt. Jetzt wundert es dich sicher nicht mehr, dass sich der Finanzminister der USA in unsere Finanzen einmischte.

Erstaunlich ist auch, wie schnell die deutsche Regierung Gesetze verabschieden kann, wenn es eilig ist. Am 09. März 2010 wollte Frau Merkel das alles nicht.

Aber schon zweieinhalb Monate später, am 21.Mai 2010, wurde das „Stabilisierungsmechanismusgesetz" im Deutschen Bundestag dann doch beschlossen."

„Was mag nur passiert sein, dass Frau Merkel so schnell ihre Meinung änderte? Wer übte solchen Druck aus?"

Das fragen sich viele Bürger...

Es gibt zu dem Thema eine brisante Aussage von Professor Werner Weidenfeld. Er war von 1987 bis 1999, also 12 Jahre, Koordinator der Bundesregierung für deutsch-amerkanische Zusammenarbeit.

Am 28.November 2013 sagte er in der ARD-Fernsehsendung *„Beckmann“* wortwörtlich:

„In meinen zwölf Jahren als Amerika-Koordinator habe ich drei Verhaltensweisen der amerikanischen Regierung erlebt:

In dem Moment, wo man mit ihnen einer Meinung ist, sind wir die besten Freunde, wir umarmen uns, man hat Angst um seine Rippen, weil die Umarmungen so intensiv sind.

Wenn wir in zweitrangigen Fragen nicht einer Meinung sind, dann sagt die amerikanische Regierung regelmäßig, das passiert mit uns, wo bleibt die Dankbarkeit in der Geschichte, wir haben die Freiheit und die Sicherheit der Deutschen erobert und erhalten und was passiert?“

Aber dann kam seine wichtigste Aussage:

Wenn wir in einer ernsten Frage anderer Auffassung sind, dann kommt Geheimdienstmaterial auf den Tisch, das Deutschland belastet und entweder ihr macht mit oder ihr seid dran."(18a)

„Er wird es wohl wissen. Uns wird also gedroht, wenn wir anderer Meinung sind?"

Das hat Professor Weidenfeld so gesagt.

Ich glaube auch nicht, dass viele Bürger mit Zahlen vertraut sind und die Höhen der Bürgschaften kennen, für die sie jetzt alle mit haften.

Nun heißt das Ganze also ESM und jetzt trauen sich die Politiker auch ganz offen darüber zu reden, dass andere Staaten in der EU doch durch Steuergelder unterstützt werden. Das hat ja jetzt auch einen anderen Namen. Kleiner Trick gegen die Interessen der Bevölkerung und weiter geht es mit der EU.

„Der Europäische Stabilitätsmechanismus ist eine Finanzierungsinstitution mit Sitz in Luxemburg. Er wurde durch einen am 27. September 2012 in Kraft getretenen völkerrechtlichen Vertrag gegründet. Der ESM ist Teil des „Euro-Rettungsschirms" und wird die Europäische Finanzstabilisierungsfazilität (EFSF) ablösen.

Aufgabe des ESM ist es, überschuldete Mitgliedstaaten der Eurozone durch Kredite und Bürgschaften zu unterstützen, um deren Zahlungsfähigkeit zu sichern."(19)

Das anfängliche Stammkapital des ESM beträgt 700 Mrd. Euro.

Deutsche Steuerzahler müssen jetzt also doch für andere Länder bürgen. Mit den höchsten Beträgen aller EU-Staaten.

„Was ja angeblich nie so sein sollte..."

Wenn noch einige Länder Probleme bekommen, könnten es bis zu 300 Milliarden werden. Momentan sind es 27,1% aller Gelder. Von 28 EU-Ländern. Also fast 170 Milliarden.

„Ich kann es kaum glauben, Papa. So etwas machen anständige Menschen nicht."

Leider gibt es von solchen Menschen aber immer weniger, beste Tochter. Die Politiker arbeiten mit dem Geld der Steuerzahler und dem Geld aus Staatsanleihen. Die kaufen zum Beispiel Investoren, wenn der Gewinn dabei gut ist. Die EZB druckt kein Geld. Heute geht alles über Computer und die EZB schreibt nur Zahlen auf. Da wird nichts mehr in Koffern zu den Empfängern gebracht. Diese Summen vergibt sie elektronisch an Banken, die geben es wieder elektronisch an Staaten und wenn die Sicherheiten nicht ausreichen bürgen die Steuerzahler mit ihren echten Werten, ihren Steuern und ihrer Arbeit. Nur noch 20% aller Euros sind echt, 80% sind Buchgeld auf Computern.

„Wer denkt sich so etwas aus?“

Profis in ihren Berufen-nicht unbedingt Politiker, die für vier Jahre gewählt werden, teilweise nicht einmal über einen Schulabschluss verfügen und dann eventuell wieder weg sind.

Hier mal ein Beispiel für dich, was für Leute das Geld der europäischen Steuerzahler verwalten ohne, dass die Politiker oder die Steuerzahler der einzelnen Länder etwas dagegen unternehmen können:

Der erste EZB-Chef war der Holländer Willem Duisenberg. Er war ein Profi aber bei weitem nicht so gut vernetzt, wie sein Nachfolger.

Das war Jean-Claude Trichet. Er war von 2003 bis 2011 Präsident der EZB. Als die deutschen und französischen Politiker 2004 die Zinsen etwas senken wollten hat er das abgelehnt und war damit erfolgreich. 2005 hat er dann sogar die Zinsen erhöht. Obwohl das 10 Länder der EU nicht wollten.

„Der hat das gegen alle durchgesetzt? Im Alleingang? Ebenfalls wie der Herr Kohl damals?“

Nicht nur das, er ging sogar noch weiter.

2007 zum Beginn der Finanzkrise benötigten viele Banken Geld und er stellte ihnen Dollarkredite zur Verfügung. Das hatte er vorher mit der „Federal Reserve“, der amerikanischen Notenbank, abgesprochen. Danach hat er dann mehrere Zinssenkungen arrangiert. So wurden die Kredite für die Banken billiger und die Wechselkursrisiken des Dollars trugen nicht mehr die Banken, sondern die EZB und damit die europäischen Bürger.(20)

Leider führten diese Zinssenkungen aber auch dazu, dass die einfachen Bürger weniger Zinsen für ihr Erspartes bekommen und die Zinsen für Altersvorsorgeprodukte ebenfalls weniger wurden.

Mitglied ist dieser Mann bei folgenden Institutionen:

TRILATERALE KOMMISSION

BRUEGEL

und G30

„Von denen habe ich noch nie etwas gehört."

Das sind private Vereine. Elitäre Clubs sozusagen. Davon gibt es viele, die die Politik der Länder im Sinne der Wirtschaft beeinflussen. Führend dabei sind die amerikanischen Verbindungen. Die USA haben, wie bereits erwähnt, schon immer gern ihre wirtschaftlichen Interessen politisch und militärisch durchgesetzt.

Hier noch einige dieser Clubs. Sei immer misstrauisch, wenn ein Politiker oder Journalist in diesen Kreisen verkehrt:

ATLANTIK-BRÜCKE

BILDERBERG KONFERENZ

und sehr einflussreich ist auch der

COUNCIL ON FOREIGN RELATIONS

„Dort treffen sich ältere Herrschaften bei einer Tasse Tee oder was passiert in diesen Clubs?"

Die Mitglieder aus Wirtschaft, Militär, Politik, Finanzen und Medien treffen sich dort und gestalten dabei die Zukunft ganzer Völker. Um Taktiken zu entwickeln, zu organisieren und die Bürger dann in ihrem Sinne zu beeinflussen gibt es diese privaten Treffen. Nach außen dringt allerdings nichts. Sie agieren im stillen Kämmerlein. Politiker sollte man eigentlich beauftragen, dort nach dem Rechten zu sehen und die Interessen der Völker zu vertreten.

„Dafür werden sie doch auch gewählt und bezahlt.“

Wohl wahr, mein Kind. Alle diese Clubs sind sehr eng mit der Wirtschaft, den Medien sowie Banken und Politikern aus den USA verbunden. Mitglieder bei BRUEGEL zum Beispiel sind neben Politikern auch die Deutsche Bank und Goldman und Sachs.

„Goldman und Sachs? Ich erinnere mich...“

Ja, und Goldman und Sachs wiederum gehört zu den Hauptstiftungsfirmen des ebenfalls

US-amerikanischen Vereins COUNCIL ON FOREIGN RELATIONS.

„COUNCIL ON FOREIGN RELATIONS?"

Das ist einer der einflussreichsten Clubs. Zum CFR mit ca. 4.500 Mitgliedern gehören einflussreiche Persönlichkeiten wie hohe Beamte der US-Regierung, angesehene Akademiker, Wirtschaftsführer, Journalisten, bekannte Juristen und weitere ausgezeichnete Profis ihres Metiers. Viele US-Präsidenten und Abgeordnete stammen aus diesem Club.

„Und alle sind für die amerikanischen Interessen tätig?"

Richtig. Auch die TRILATERALE KOMMISSION, in der Jean Claude Trichet Mitglied ist, wurde vom einem Amerikaner ins Leben gerufen. Das war 1973 David Rockefeller und ebenfalls dabei war Zbigniew Brzeziński, der, wie Rockefeller, nur für amerikanische Interessen arbeitet.

„Und Herr Trichet hatte das Sagen über das Geld der Menschen in Europa?"

Genau. Sein Nachfolger als Präsident der Europäischen Zentralbank ist Mario Draghi. Der war natürlich vorher bei....? "

„Goldman und Sachs?“

Wieder richtig, beste Tochter, so langsam verstehst du es. Und bei den Bilderberg Konferenzen ist er natürlich auch dabei.

„Draghi war aber sicher anständiger und tat etwas mehr für die Menschen in Europa, oder? Die bezahlen ihn ja.“

Naja, was soll ich dazu sagen?

„Ohje, ich kann`s mir schon denken.“

Herr Draghi war vorher als Gouverneur für die italienische Zentralbank zuständig. 2013 kam heraus, dass er der in Schwierigkeiten steckenden MPS Bank im Jahr 2011 Kredite in Höhe von zwei Milliarden Euro gegeben hatte.

Leider hatte er weder die Bürger noch sein Parlament darüber informiert. Als Sicherheit nahm er Wertpapiere der MPS, die eigentlich eher als Schrott zu bezeichnen waren.

Man wirft ihm vor ein System für Banken erfunden zu haben, dass darauf hinausläuft, dass nicht die Eigentümer der Banken Risiken tragen sondern, dass die Steuerzahler bei Insolvenzen oder drohenden Verstaatlichungen einspringen.(21)

„Wieder einer, der meint die Bürger sollen Schulden der Banken tragen? Das Thema hatten wir doch schon – unglaublich.“

Da hast du recht, mein Kind. Vielleicht hätten die Politiker auch dem griechischen Staat nicht mehrfach Geld geliehen, wenn das ihr eigenes Geld wäre. Aber das Geld der Steuerzahler kommt ja jeden Monat neu. Sie selbst zahlen kaum Steuern, ihre Renten sind auch schon sicher und wenn sie nach der Karriere als Politiker oder ehemalige EU-Beamte noch etwas Geld verdienen wollen, werden sie ganz einfach auch Lobbyisten. So, wie hier beschrieben:

„Seit 2009, dem Jahr der Einführung der letzten Kommission unter Barroso, sind 27 EU-Kommissare ausgeschieden. 15 von ihnen, also mehr als die Hälfte, sind mittlerweile für registrierte Lobby-Organisationen tätig. Was nicht heißt, dass sie nicht auch andere Jobs hätten. Die 27 Ehemaligen haben laut Transparency insgesamt 137 Stellen angenommen, 23 davon allein Barroso. Zugleich kassierten einige von ihnen üppige Übergangsgehälter auf Steuerzahlerkosten."(22)

„Das mit den Lobbyisten ist aber heftig.“

Da hast du Recht. Jetzt wundert dich sicher auch folgende Information nicht mehr:

„Zuletzt war es kein Geringerer als der ehemalige Kommissionspräsident José Manuel Barroso, dessen Wechsel zur US-Investmentbank Goldman Sachs für Wirbel sorgte."(23)

„Schon wieder Goldman und Sachs? Wird die EU etwa von Banken und der Wirtschaft regiert?"

Naja, die neue Chefin der EZB ist jetzt ja Frau Christine Lagarde. Henry Paulson hielt früher schon viel von ihr. Und Henry Paulson ist der ehemalige Goldman-Sachs-CEO...(24)

Was soll ich dir als Vater also darauf antworten?

Da wir in einem Staat leben, in dem jeder seine freie Meinung äußern darf, ist meine Antwort:

JA!

Kapitel 11

LOBBYISTEN IN DEUTSCHLAND

„Wird der Diener zum Herren, so vergisst er oft gänzlich Vergangenheit und Zukunft.“

(japanisches Zitat)

In Deutschland gibt es das natürlich auch. Früher war deine Oma über 40 Jahre in der SPD. Das ist sie jetzt allerdings nicht mehr. Sie konnte die Leute, die sie mal gewählt hatte nicht mehr verstehen, weil diese sich häufig so verändert haben. Sie dachte, die machen Politik weil sie etwas Gutes für das Volk wollen, das die Bezahlung dafür ausreichend hoch ist und das die Politiker ohnehin jede Menge Sicherheiten haben wenn sie in den Ruhestand gehen. Verrät man seine Ideale für Geld?

„Natürlich nicht - wenn man anständig ist."

Sicher kann jeder verstehen, dass Menschen vor einem gewissen Alter nicht unbedingt aufhören wollen zu arbeiten. Aber nach nur vier Jahren im Bundestag bekamen die Abgeordneten schon 2013 mindestens 825,--€ Rente. Nach acht Jahren liegen die meisten aber schon bei rund 2.000,--€.

Nach 27 Jahren im Bundestag bekommt man aber nicht 825,--€ Rente wie ein Arbeitnehmer, der dafür allerdings fast 45 Jahre arbeiten muss, sondern mindestens 6.000,--€. Wenn man keine weiteren Extras berechnet.

„Wie lange müsste denn ein normaler Mensch für 6.000,--€ Rente arbeiten, Papa?“

So, wie die Renten in Deutschland aufgebaut sind - vielleicht 250 - 300 Jahre!

Das reicht den meisten Politikern aber wohl nicht-warum auch? Durch die Wähler gewählt um deren Interessen zu vertreten kommen sie in die Politik und von dort zu Banken und Wirtschaftsunternehmen, die sie dann einkaufen.

„Dann werden sie also auch Lobbyisten?“

So ist es - wie zum Beispiel der Herr Schröder von der SPD. Nach seiner politischen Karriere wurde Gerhard Schröder wieder als Rechtsanwalt und Wirtschaftslobbyist tätig. Er erhält über 500.000,--€ jährlich aus seiner politischen Tätigkeit und verdient sein weiteres Geld in der Wirtschaft. Zum Beispiel bei der russischen Firma Rosneft.(1)

„Das hat sich dann ja für ihn gelohnt.“

Durchaus. Von 2006 bis 2016 war Schröder auch noch Mitglied im Europa-Beirat der Rothschild-Investmentbank.(2)

„Also wieder mal ein Politiker, der auch noch für eine Bank tätig wurde?“

Ja und Kritik gab es dann ausgerechnet von CDU-Politiker Norbert Röttgen:

„Dass er sich dafür hergibt, ist zutiefst kritikwürdig.“

sagte Röttgen im ZDF-Morgenmagazin.

„Es sei „ganz unglaublich“, dass Schröder sein früheres Amt nun bei einem russischen Unternehmen „versilbert“. (2a)

„Na, er hatte doch recht, Papa. Herr Röttgen sah das wie du.“

Eigentlich schon, beste Tochter aber....

Der so moralische Kritiker Röttgen wollte eigentlich auch gern Lobbyist werden und „sein Amt versilbern".

„Das glaube ich jetzt nicht.“

Oh doch. Schon 2007 bekam Röttgen das Angebot Hauptgeschäftsführer beim Bundesverband der Deutschen Industrie (BDI) zu werden. Sein Mandat im Bundestag wollte er aber noch bis 2009 behalten. Die anderen Parteien und Teile der CDU, CSU sowie der BDI selbst, kritisierten das.

Der Landesvorsitzende der CDU Mecklenburg-Vorpommern, Jürgen Seidel, sagte am 21. Juli 2006 in einem Zeitungsinterview:

„Ich halte es für schwierig, wenn hauptamtlich bezahlte Lobbyistenvertreter gleichzeitig Mitglieder des Bundestages sind und zwei zeit- und arbeitsintensive Funktionen gut ausfüllen sollen."(3)

Erst nach all den Kritiken an dieser Doppelrolle als Politiker und Lobbyist nahm Röttgen Abstand von dem Angebot.

2014 nahm er dann allerdings an der BIDERBERG-Konferenz teil, ist bis heute im Vorstand der Denkfabrik EUROPEAN COUNCIL ON FOREIGN RELATIONS und natürlich Mitglied der ATLANTIK-BRÜCKE.

„Er hat also nur durch Druck von außen auf die Lobbyistentätigkeit verzichtet."

Richtig, Und es gibt natürlich noch wesentlich mehr Politiker, die ihr „Amt versilbern. Und zwar in allen Ländern Europas aber bleiben wir mal in Deutschland.

Bei der CDU gibt es zum Beispiel Friedrich Merz. Er ist Rechtsanwalt, Manager und Politiker und war früher Vorsitzender und stellvertretender Vorsitzender der CDU/CSU-Bundestagsfraktion.

„Ist das nicht der, den Frau Merkel mal ihren „lieben Freund“ genannt hat?“

Richtig. Friedrich Merz, der gute Freund von Frau Merkel, ist oder war unter anderem in folgenden Aufsichtsräten:

AXA Konzern AG, DBV-Winterthur Holding AG, Börse AG, IVG Immobilien AG, WEPA Industrieholding SE, BASF Antwerpen N. V., Stadler Rail AG, HSBC Trinkaus & Burkhardt, Borussia Dortmund Geschäftsführungs-GmbH, Commerzbank AG u. v. m.

Weiterhin ist er seit 2016 Aufsichtsratsvorsitzender und Lobbyist des deutschen Ablegers von BlackRock.

„BlackRock klingt cool.“

Klingt sicher cool. Ist aber geschäftlich knallhart.

BlackRock ist der größte Vermögensverwalter der Welt mit einem Kapital von rund 6 Billiarden Dollar.

„Alles klar! Wollte Merz nicht gern Nachfolger von Merkel werden?“

Richtig! Ein Investmentbanker und Lobbyist mit besten Kontakten in die USA als zukünftiger deutscher Bundeskanzler...

Über seine Aufgaben für BlackRock schrieb das „manager magazin" am 17.03.2016:

„Merz werde einen wichtigen Beitrag dazu leisten, das Geschäft in Deutschland weiter voranzutreiben, so David Blumer, Leiter von Blackrock in der Region Europa, Naher Osten und Afrika." (4)

Und bei Wikipedia steht Folgendes:

„Merz legte im Jahr 2006 mit acht weiteren Abgeordneten des Deutschen Bundestags beim Bundesverfassungsgericht Klage gegen die Offenlegung ihrer Nebeneinkünfte ein. Merz wandte sich außerdem gegen die Mitbestimmung von Arbeitnehmern in Unternehmen bzw. wollte diese einschränken. Im August 2010 zählte Merz zu den 40 prominenten Unterzeichnern des Energiepolitischen Appells. Dieser sollte die Laufzeitverlängerung deutscher Kernkraftwerke voran bringen und war eine Lobbyinitiative von vier großen europäischen – allesamt Kernkraftwerke betreibenden Stromkonzernen. Mit Wirkung zum 1. Juli 2009 wurde Merz zum Vorsitzenden der Atlantikbrücke berufen"(5)

Hast du etwas bemerkt, beste Tochter?"

„Ja, er ist ebenfalls in dem Club ATLANTIK-BRÜCKE und Lobbyist. Er hat was gegen die Mitbestimmung von Arbeitnehmern obwohl die ihn früher sicher gewählt haben, er wollte nicht, dass bekannt wird, was er nebenbei verdient und bei BlackRock hat er für mehr Umsatz, weniger Kosten und mehr Gewinn zu sorgen.“

Sehr richtig! Und jetzt schauen wir uns noch einen an.

Bei den Grünen gab es Joschka Fischer. Er verließ die Schule ohne Abschluss und brach auch eine Ausbildung zum Fotografen ab. Dann versuchte er sich mit einer Buchhandlung, arbeitete rund sechs Monate bei Opel, wurde dort fristlos entlassen, war später noch Taxifahrer und Aushilfe in einem Buchladen. Er war politisch links und nahm an Straßenschlachten teil. Später hat er sich dann von Gewalt distanziert.

1982 wurde er Mitglied bei den Grünen und schon 1983 wurde er in den Deutschen Bundestag gewählt. Dort war er bis 1985 und ab 1987 war er im hessischen Landtag. 1994 wechselte er dann wieder in den Bundestag.

„Also niemand, den du in deinen Hotels früher eingestellt hättest. Politiker zu sein fand er aber sicher cooler als Taxi zu fahren. Wie ging es weiter mit ihm? Arbeitet er heute, ohne Abschluss, für eine Bank? Obwohl Banken ja eigentlich Mitarbeiter ohne Abschluss nicht einstellen würden."

Noch besser. Er wurde sogar Außenminister. Und in der Position war er bis 2005 tätig. 2006 schied er aus der Politik aus. Seine Pension in Höhe von etwa 11.000,-€ monatlich reichte ihm nicht und so begann er gut dotierte Vorträge vor Mitgliedern der Barclays Bank und einer anderen Bank zu halten. Ahnst du, welche Bank ich meine?

„Sicher wieder Goldman und Sachs?"

Genau. Auch er hielt Vorträge für Goldman und Sachs. 2007 gründete er seine Beratungsfirma Joschka Fischer Consulting und ist seitdem ebenfalls beim EUROPEAN COUNCIL ON FOREIGN REALTIONS.

„Arbeiten die mit dem amerikanischen COUNCIL ON FOREIGN RELATIONS zusammen?"

Nicht ganz. Allerdings ist dort einer der Hauptsponsoren George Soros mit seiner Open Society.

„George Soros?“

Soros ist ein milliardenschwerer US-Investor. Er gehört zu den Leuten, die mit aller Macht und allem Geld Einfluss auf die weltweite Politik nehmen. Auch in Europa. Er empfiehlt zum Beispiel, dass Europa Millionen Migranten aufnimmt.

Soros steht auch hinter der fünftgrößten Investment Firma der Welt. Sie heißt „LeapFrog“. LeapFrog hat übrigens gerade rund achthundert Millionen Dollar in afrikanische Schwellenländer investiert.(5a)

Gleichzeitig treibt Soros die Zuwanderung mit seinen NGO`s voran indem er sie finanziert.

„Was sind eigentlich NGO`s?“

Das sind Non Government Organisations (Nicht-Regierungs-Organisationen). Private Organisationen, die durch Spenden und diverse andere Geschäfte Geld verdienen.

Der „seriöse“ Herr Soros wurde bereits 2006 von einem Gericht in Frankreich wegen Insiderhandels verurteilt.

1982 hat er gegen das britische Pfund spekuliert und für seine Investment Firma einen Gewinn von einer Milliarde Dollar an einem Tag gemacht. Die Folge war, dass die britische Währung um 15% abrutschte und die Bürger natürlich ebenfalls 15% ihrer Werte verloren.

Aber die einfachen Bürger sind solchen Leuten schon immer völlig egal gewesen. Und mit ihm arbeitet Joschka Fischer jetzt zusammen. Fischer beriet zwischenzeitlich auch Konzerne wie RWE, OMV, BMW und REWE. Alles Firmen, die einen Kapitalismus ausüben, gegen den Fischer früher so sehr war.

Damit hat Fischer heute wohl kaum noch ein Problem denn er arbeitet inzwischen auch schon jahrelang mit Madeleine Albright zusammen. Seit 2008 hat er einen Beratervertrag mit der Firma „The Albright Group LLC." und 2009 gründete er „Joschka Fischer&Company" in Berlin.

Frau Albright empfiehlt übrigens ebenfalls Investitionen in Schwellenländer.

„Frau Albright ist Amerikanerin?"

Ja, sie war von 1996-2001 die Außenministerin der USA. Fischer war von 1998 -

2005 deutscher Außenminister. Sie kannten sich also schon vorher aus der Politik und machen jetzt gemeinsam Geschäfte.(6)

Zu Frau Albrights Anstand, kann ich nur Folgendes zitieren:

„In einem Fernsehinterview 1996 antwortete Albright auf die Frage, ob das US-amerikanische Embargo gegen den Irak, das eine halbe Million irakischer Kinder das Leben gekostet hat, diesen Preis wert gewesen sei, mit: „Es ist diesen Preis wert.“(7)

„So etwas sagt eine Frau?“

Das hat sie so gesagt. Später wollte sie das natürlich zurück nehmen. Sie betrachtet die Aussage heute als politischen Fehler.

„Politischer Fehler? Das ist wohl eher unmenschlich. Es hindert aber den ehemaligen Linken und Grünen-Politiker Joschka Fischer nicht daran, mit ihr Geschäfte zu machen? Mit einer Frau, die so etwas über tote Kinder sagte?“

Ja, die heutige Geschäftspartnerin von Fischer kann aber noch mehr als harte Sprüche. Sie ist international tätig, berät Politiker und Unternehmen sowie Banken und rät, wie bereits gesagt, ihren Kunden in Schwellenländer zu investieren:

„Mit ihrem Geschäftspartner Sandy Berger (ehemaliger US-Sicherheitsberater) bietet sie Politikberatung für Firmen und Regierungen an.“ (8)

Des Weiteren pflegt das Unternehmen weltweit strategische Partnerschaften mit verschiedenen Firmen wie Joschka Fischer and Company in Berlin...“(9)

Albright Stonebridge berät darüber hinaus auch die ebenfalls von Albright geführte Albright Capital Management, eine Investmentfirma, die vor allem in Schwellenländer investiert...“(10)

„Was sind eigentlich Schwellenländer?“

Das sind bislang arme Länder mit wachsender Wirtschaft. Äußerst interessant für neue Investitionen und mit hohen Profiten. Speziell in Afrika...

Darauf kommen wir aber noch zu sprechen. Nicht umsonst werben amerikanische und europäische Interessengruppen jetzt immer mehr für Investments in Afrika.(11)

Zum Schluss dieses Themas möchte ich dir noch eine Geschichte erzählen, die ich selbst erlebt habe. Du erinnerst dich ja sicher an das Hotel, in dem ich in den 80ern gearbeitet habe.

„Mit dem Direktor, der schon damals sagte, dass es immer so weiter gehen würde und der jedes Jahr mehr Umsatz, weniger Kosten und mehr Gewinn forderte?“

Genau. Als ich ungefähr zwei Monate dort war, kam ich nach einem Wochenende in mein Büro. Auf meinem Tisch lagen diverse Bons, auf denen der Verbrauch eines Hotelgasts vermerkt waren. Nichts davon wurde ihm berechnet. Es ging um zwei Zimmer, gratis, diverse Cocktails an unserer Bar, gratis, Essen für drei Personen im Restaurant mit diversen alkoholischen Getränken, gratis, die Minibar auf einem Zimmern war zweimal geleert worden, gratis und ganz zum Schluss hatte dieser Gast auch noch 12 Flaschen hochwertigen Wein aus unserem Lager mitgenommen.

„Natürlich auch wieder gratis?“

Selbstverständlich. Ich ging mit diesen Bons zum Hoteldirektor und fragte wo die verbucht werden sollen. Er antwortete:

„Oh, das habe ich ganz vergessen, Ihnen zu sagen. Sie erinnern sich doch an den älteren Herrn, den ich am Freitag abend begrüßte, als Sie gerade ins Wochenende gingen."

„Sie meinen den Herrn mit den beiden jungen Damen an der Seite?“- fragte ich.

„Genau den. Das ist Dr. M. Sie wissen ja, dass unser Hotel zu einer großen Finanzgruppe gehört. Dr. M ist Politiker im Bundestag. Immer wenn ein Gesetz verabschiedet wird, das gegen die Interessen der Gruppe geht, erhebt er sein Veto und aktiviert noch weitere Vetos. Ich weiß nicht, was er dafür noch so bekommt aber selbstverständlich ist so ein Gratis-Wochenende bei uns mal mit drin. Buchen Sie alles auf Bruch und gut."

„Und wer waren die zwei Mädels bei ihm?", fragte ich.

„Die Nutten bezahlen wir aus der Hotelkasse....“- war die Antwort.

An diesem Tag verlor ich meinen Glauben an eine Politik zum Wohl der Menschen.

Kapitel 12

DIE CLUBS DER ELITEN

„Die Dinge müssen geheim und im Dunkeln getan werden“

(Jean-Claude Juncker, Präsident der EU)

Jetzt kommen wir nochmal auf die Clubs zu sprechen. Davon gibt es sehr viele. Bei allen sind immer Vertreter der Medien, Wirtschaftsbosse und Politiker dabei. Dazu kommen häufig noch Militärs und Geheimdienstmitarbeiter.

Beginnen wir mal mit der jährlich stattfindenden BILDERBERG-Konferenz an der Frau Merkel, neben vielen anderen deutschen Politikern, Bankern, Medienleuten usw. auch regelmäßig teilnahm. Die Konferenz gibt es seit 1954.

„Die Bilderberg-Konferenzen sind informelle, nicht-offizielle Treffen von einflussreichen Personen aus Wirtschaft, Politik, Militär, Medien, Hochschulen, Hochadel und Geheimdiensten, bei denen Gedanken über aktuelle politische, wirtschaftliche und gesellschaftliche Themen ausgetauscht werden.

Dieses erste Treffen hochgestellter Persönlichkeiten erwuchs aus der Befürchtung, dass Westeuropa und Nordamerika möglicherweise nicht so eng zusammenarbeiteten, wie es die ernsten Probleme, mit denen sich die Staaten zu diesem Zeitpunkt konfrontiert sahen, erforderlich zu machen schienen.

In der Folge erhielt die Europäische Bewegung beträchtliche finanzielle Zuwendungen sowohl von Seiten der US-Regierung/CIA als auch aus privaten Quellen über das American Committee for a United Europe."(1)

„Die bekamen Geld von der CIA und Privatleuten? Also US-Unternehmern?"

Ganz genau. Daher kannst du dir sicher denken, wessen Interessen dort verfolgt werden.

„Weitere Personen wurden einbezogen, so Joseph E. Johnson (Carnegie Endowment for International Peace), Dean Rusk (Direktor der Rockefeller-Stiftung) sowie David Rockefeller und Jack Heinz.

Am 29. Mai 1954 um 10 Uhr wurde die erste Konferenz im Hotel de Bilderberg durch Prinz Bernhard eröffnet. Auf der Tagungsordnung des Treffens wurden die Standpunkte gegenüber „dem Kommunismus und der Sowjetunion", „den Kolonien und ihren Bevölkerungen", „den Wirtschaftspolitiken und ihren Problemen" sowie „die europäische Integration und die Europäische Verteidigungsgemeinschaft" thematisiert."(2)

„Es ging also damals auch schon um die deutschen Beziehungen zu Russland?“

Ja. Die Amerikaner hatten eine Heidenangst vor dem Kommunismus. Nahezu grotesk.

Die Medien waren von Anfang an darin involviert, Massen zu beeinflussen. Ähnlich, wie der Bevölkerung der USA noch heute mit Berichten über Einbrüche, Morde und Überfällen Angst gemacht wird, damit sie ja weiterhin schön Waffen kaufen. Dafür sorgen die Lobbyisten der Waffenproduzenten.

„Über Massaker mit den Waffen hört man ja genug aus den USA. “

Natürlich. In den USA horten sie Waffen und einige Kilometer weiter in Kanada stehen die meisten Wohnungstüren offen.

„Haben die Kanadier weniger Angst?“

Die haben andere Medien mit anderen Themen. In Kanada werden nicht soviele Waffen produziert, die verkauft werden müssen. So einfach ist das.

Kleine Gruppen lenken die großen Massen. Und immer stecken wirtschaftliche Interessen dahinter.

„Wieviel Mitglieder sind denn bei den Bilderbergern?"

Im Schnitt sind es nur 130 Personen. Davon sind rund 66% Banker und Wirtschaftsleute, der Rest Politiker.

„Das hört sich nicht gut an, Papa."

Einer der aktivsten Teilnehmer war bei ca. 20 Treffen David Rockefeller von der Chase Manhattan Bank. Bis in die 1960er Jahre wurden die Treffen nahezu geheim gehalten.

„Warum das denn?"

Offensichtlich werden dort Entscheidungen getroffen, die sehr viele Menschen betreffen und deren Leben bestimmen. Diese Entscheidungen sind sicher nicht immer gut für die Bevölkerungen und sollen deshalb geheim bleiben. Zwei Beispiele:

„Die Einführung des Euro geht nach Angaben des belgischen Unternehmers und Ehrenvorsitzenden Etienne Davignon auf eine Bilderberg-Konferenz zurück.

Bei der Gestaltung der Römischen Verträge zur Gründung der EWG kam nach Angaben des ehemaligen US-Botschafters in Berlin,

John McGhee, den Bilderberg-Konferenzen eine „wichtige Rolle“ zu.“ (3)

„Die Bilderberger planen also Teile der Politik und nehmen Einfluss auf das Leben der Menschen?“

Davon kannst du ausgehen, wenn schon Mitglieder bestätigen, dass die Euro-Einführung und die Verträge für die EWG dort gestaltet wurden. Wenn du dann noch berücksichtigst, wie die Zusammensetzung ist...

„Wenn 66% Banker und Wirtschaftsleute und der Rest Politiker sind, kann ich mir schon denken, wer das Sagen hat und warum es geheim bleiben soll.“

Logisch, nicht wahr? Die Vertreter der großen Medien sind natürlich auch dabei.

„Natürlich. Und was ist die Trilaterale Kommission?“

Die TRILATERALE KOMMISSION wurde 1973 nach einer Initiative von Rockefeller gegründet. Rate mal wo...

„Keine Ahnung...“

Bei einer BILDERBERG-Konferenz!

„Und sicher wieder durch Rockefeller initiiert?“

So ist es. Rockefeller war Banker und Unternehmer.

„Also hat er natürlich immer für seine Interessen vorgesorgt.“

Das machen Unternehmer immer. Er beriet sich zum Beispiel häufig mit dem Politiker Henry Kissinger über die Vertretung seiner Chase Manhatten Bank in Chile und die Bedrohung seiner Bank wenn Allende dort gewählt wird. In der Wirtschaft geschieht nichts ohne eine finanzielle Absicht dahinter.

„Die Trilaterale Kommission ist eine private, politikberatende Denkfabrik.

Die Kommission ist eine Gesellschaft mit ca. 400 höchst einflussreichen Mitgliedern aus den drei großen internationalen Wirtschaftsblöcken Europa, Nordamerika und Japan sowie einigen ausgesuchten Vertretern außerhalb dieser Wirtschaftszonen.

Auf diesem Weg verbindet die Trilaterale Kommission erfahrene politische Entscheidungsträger mit dem privaten Sektor. Ziel ist eine verbesserte Zusammenarbeit der drei Wirtschaftsmächte.

Vorsitzender der Gruppe ist seit April 2012 der ehemalige EZB-Präsident Jean-Claude Trichet.“ (4)

„Ach! Trichet ist nach seiner EZB-Zeit sogar Vorsitzender der Kommission?

„Er ist auch der amtierende Vorsitzende der ebenfalls von David Rockefeller gegründeten Group of Thirty.“ (5)

„Und Trichet hat die europäischen Gelder verwaltet? Für welche Interessen er wohl tätig war? Für die Bürger Europas, die ihn bezahlten?“

Damit stellst du eine gute Frage, beste Tochter. Denn immerhin war ein weiterer Gründer der Trilateralen Kommission Herr Zbigniew Brzeziński.

„Wer ist dieser Brzeziński?“

„Zu den Gründungsmitgliedern zählte Zbigniew Brzeziński, der 1973 der erste Direktor der Trilateralen Kommission wurde. Von 1977 bis 1981 war Brzeziński Sicherheitsberater im Kabinett von US-Präsident Jimmy Carter. Er kehrte 1981 in die Kommission zurück und hatte dort bis 2009 eine führende Rolle inne."(6)

„Die Vereinigten Staaten als „erste, einzige wirkliche und letzte Weltmacht“ nach dem Zerfall der Sowjetunion müssen ihre Vorherrschaft auf dem „großen Schachbrett“ Eurasien kurz- und mittelfristig sichern, um so langfristig eine neue Weltordnung zu ermöglichen.“ (7)

Und alle, sehr offen dabei der Herr Brzeziński, folgen dem Unilateralismus. Unsere neue EZB Chefin Christine Lagarde hat übrigens sieben Jahre eng mit Brzeziński zusammen gearbeitet und betrachtet die USA als ihre zweite Heimat.

„Na toll. Dann kann es ja mit der EZB so weiter gehen. Und was ist Unilateralismus?“

In der Politik versteht man darunter das Handeln eines Staates nur im eigenen Interesse. Ohne Rücksicht auf die Interessen anderer. Darin sind de USA führend.

„Brzeziński war also nur im Interesse der USA tätig. Was ist die GROUP OF THIRTY?“

Dieser, natürlich auch wieder private, Verein, wird auch G30 genannt. Er besteht aus Finanzleuten und Wissenschaftlern. Er wurde

1978 gegründet. Rate mal, wer den ins Leben gerufen und finanziert hat.

„Rockefeller?“

Natürlich. Du verstehst die Zusammnhänge.

„Mitglied der exklusiven Gruppe ist neben dem ehemaligen Präsidenten der Deutschen Bundesbank Axel A. Weber, der aus dem Young Leader-Programm des deutschen Elite-Netzwerkes Atlantik-Brücke stammende Bankmanager Gerd Häusler, bis 31. März 2014 Vorstandsvorsitzender der BayernLB. Häuslers Karriere beinhaltete Stationen beim IWF, der US-amerikanischen Investmentbank Lazard sowie der Dresdner Bank.“ (8)

Die G30 ist wiederum eng verbunden mit dem COUNCIL ON FOREIGN RELATIONS.

„Immer wieder Banken. Was macht dieser COUNCIL?”

Dazu kann ich nur Folgendes sagen:

Der CFR, auf Deutsch bedeutet das „Rat für auswärtige Beziehungen“, ist eine Denkfabrik von Medienleuten, Geschäftsleuten, Politikern und... ?

„...Banken?"

Genau. Gegründet 1921 in New York, beraten sie bis zum heutigen Tage die US-Regierung bei der Außenpolitik. Und zwar maßgebend!!

In der Zeitschrift „Der Spiegel" erschien am 08.12.1975 ein Artikel über den CFR. Darin stand unter anderem:

„1600 Mitglieder hat der Council, von denen laut Statut mindestens 50 Prozent ihren ständigen Geschäfts- und Wohnsitz in New York City und Umgebung haben müssen.

Sie bilden den permanenten Kern der Organisation, der zunächst einmal die Erben und Verwalter der größten Vermögen Amerikas angehören-allein vier Morgans vom Bank-Konzern Morgan Guaranty und vier Rockefellers.

David Rockefeller von der Chase Manhattan Bank hat seit 1970 das höchste Amt des Council inne, den Aufsichtsratsvorsitz.

Es gehören dazu die Topmanager der US-Weltkonzerne und führende Wirtschaftsjuristen aus den Anwaltsfirmen von New York, die als Interessenvertreter der Großfirmen fungieren und die Schlüsselrolle spielen im Zusammenwirken von Wirtschaft und Staatsmacht in den USA." (9)

„Eine private Vereinigung war maßgebend für die amerikanische Außenpolitik? Sollten das nicht vom Volk gewählte Politiker entscheiden?“

Das sollte man meinen. Der heutige Chef von STRATFOR, einem weiteren Think-Tank, der die amerikanische Politik berät, heißt George Friedman.

Wie unantastbar diese Leute sind, wurde am 03. Februar 2015 deutlich, als Friedman auf dem CHICAGO COUNCIL OF GLOBAL AFFAIRS eine interessante Rede hielt.

Dabei gab er nämlich Folgendes ganz offen zu:

„Es ist die größte Urangst der Amerikaner, dass deutsches Kapital und deutsche Technologien und russische Rohstoffe und russische Arbeitskraft sich zu einer einzigartigen Kombination verbinden."

Und weiter sagte er:

„Das verhindern wir durch eine amerikanische Zone von der Ostsee bis zum Schwarzen Meer, denn die Deutschen haben ein sehr komplexes Verhältnis zu Russland - und das machen wir seit über hundert Jahren." (10)

Dabei lächelte er!!

„Dabei lächelte er?“

Sogar sehr...

„Wir könnten also eigentlich mit Russland gute Geschäfte machen und zusammenarbeiten?“

So ist es.

„Und das verhindern die Amerikaner seit über hundert Jahren, weil sie Angst haben, dass wir zusammen mit Russland erfolgreicher sein könnten, als sie? Das ist doch lächerlich...“

So lächerlich ist das nicht. Die USA haben seit den EU-Beitritten in Litauen, Lettland, Polen, Tschechien, Rumänien und Bulgarien überall Militärbasen errichtet oder finanziert.

Sie kesseln Russland damit immer mehr ein, verhindern, dass wir freien Zugang zu Russland haben und sorgen so seit 100 Jahren dafür, dass Deutschland wirtschaftlich gebremst wird.

„Jetzt wundert es mich auch nicht mehr, dass die Medien bei uns so sehr gegen Russland agieren.“

Richtig, beste Tochter, denn die Medien gehören immer Leuten, die ihre eigenen Interessen im Blick haben. Unabhängig sind sie kaum. Seit dem zweiten Weltkrieg unterliegen unsere Medien Vorgaben der Amerikaner. Am 02.06.2010 wurde der Journalist, Autor und Gesellschaftswissenschaftler Rudolf Stumberger vom Deutschlandfunk zitiert::

„Auch das Weltwirtschaftsforum in Davos, die Atlantikbrücke, die Münchner Sicherheitskonferenz oder die Treffen der Trilateralen Kommission sind so genannte „privat“ organisierte Treffen.

Rudolf Stumberger wundert sich über diese Auffassung von „privaten Treffen“, bei denen praktisch kein Blatt Papier mehr zwischen die Welt der Wirtschaft und derjenigen der Politik passe. Er ordnet die praktizierte Geheimhaltung anders ein:

„Tendenzen der Re-Feudalisierung. Das heißt, dass neben den offiziellen, demokratischen Strukturen die inoffiziellen Strukturen zunehmend wieder an Gewicht gewinnen. Und diese Eliten, diese selbst ernannten Eliten, die oben sitzen, die schotten sich zunehmend ab.“(11)

Und immer wieder mit dabei...

„...die ATLANTIK-BRÜCKE!“

Stimmt. Einer der entscheidenden Initiatoren für die Gründung der Atlantik-Brücke war auch John J. McCloy. Rate mal was der so gemacht hat...

„Er war bestimmt auch Banker.“

Volltreffer. Herr McCloy war Präsident der Weltbank, lange Zeit Direktor des COUNCIL ON FOREIGN REALATIONS und zu guter Letzt auch noch Vorstandsvorsitzender der Chase Manhatten Bank. Und die Chase Manhattan Bank gehörte wem?

„Rockefeller?“

Ja. 1952 nach dem 2. Weltkrieg wurde dieser Club gegründet. Ziel war es die öffentliche Meinung mit allen Mitteln zu beeinflussen.

Zu diesen Zeiten mochten die Deutschen und die Amerikaner sich nämlich nicht so sehr.

„Verständlich nach dem Krieg.“

Über die Medien in beiden Ländern änderte man die gegenseitigen Vorurteile. Und bestärkte gleichzeitig die Vorurteile gegen Russland. Ziel war, unter anderem, dass es für für die amerikanische und die deutsche Bevölkerung kein Problem mehr war, gemeinsam in der Nato zu sein.

Heute nehmen diese Verbindungen immer noch massiv Einfluss auf die Politik und die Meinungen der Bevölkerung. Und das geht natürlich weiterhin bestens über die Medien. Wenn du so etwas allerdings öffentlich äußerst, wird dir schnell vorgeworfen....

„...Verschwörungstheoretiker zu sein. So, wie Sekten es machen. Bist du nicht für sie, bist du ein Unterdrücker. Nutzen die Medien jetzt auch ihren Einfluss, um die seit 2000 geplante Migration nach Europa zu forcieren?“

Kapitel 13

DER GROSSE TRECK

„Derjenige muss in der Tat blind sein, der nicht sehen kann, dass hier auf Erden ein großes Vorhaben, ein großer Plan ausgeführt wird, an dessen Verwirklichung wir als treue Knechte mitwirken dürfen.“

(Winston Churchill (1874-1965), Britischer Premierminister)

Ich habe geahnt, dass du diese Frage stellst. Das zu beantworten fällt mir nicht ganz leicht. Vorab möchte ich dir noch etwas über unsere Familie erzählen.

Dein Urgroßvater war aktiver Sozialdemokrat und gegen Hitler. Dafür wurde er von Nazis, darunter ehemalige Schulkameraden von ihm, zusammengeschlagen und in den Krieg gezwungen. Seinen Sohn, deinen Großonkel, haben die Nazis dann zum Sterben gegen die Russen nach Litauen geschickt.

Deine Uroma war eine ungewöhnlich tapfere Frau. Sie blieb mit ihren zwei kleinen Töchtern zurück und kümmerte sich um den Hof. Gegen Ende des Krieges wurde sie mit ihrer damals erst sechsjährigen Tochter, deiner Oma, auf einem Feld von einem englischen Tiefflieger beschossen. Sie konnten dabei sogar den Piloten sehen. Wie durch ein Wunder gingen alle Schüsse daneben, sie standen auf und arbeiteten weiter.

Da Humanität schon immer unsere Familie prägte, hat sie sich durch nichts abschrecken lassen und pflegte während des Krieges auch kranke, russische Kriegsgefangene, gab ihnen Essen, obwohl darauf die Todesstrafe stand.

„Sie war einfach cool."

So ist es. Dein Urgroßvater und sein Sohn überlebten glücklicherweise den Krieg. Dein Onkel kam aber schwer verletzt zurück und hatte noch jahrzehntelang nachts schlimmste Alpträume aus dieser Zeit.

Der Kontakt zu den ehemaligen russischen Gefangenen hielt nach dem Krieg noch lange an. Wir können also mit gutem Gewissen von uns sagen, dass wir weder rechts noch Nazis sind - das gab es in unserer Familie nie.

Obwohl wir bis heute mit vielen Bulgaren, Russen, Türken und anderen ausländischen Mitbürgern befreundet sind, wird man schnell in eine rechte Ecke gedrängt, wenn man eine andere Meinung zu dem Thema Migration hat, als es gerade von Medien und den meisten Politikern gewünscht wird.

„Das habe ich auch schon bemerkt. Wenn jemand an der Uni etwas Kritisches zu den unkontrollierten Grenzen sagt und eine andere Meinung hat, wird er sofort attackiert. Von freier Meinungsäußerung ist wenig zu spüren. Da sind sie intolerant, wie früher die Nazis bei Uropa."

Siehst du. Und genau das ist der Grund, warum ich dir aus unserer familiären Vergangenheit etwas erzählt habe. Lasse dich von nichts und niemanden als rechts oder Nazi bezeichnen. Das waren wir nie und im Gegensatz zu vielen, können wir auf unsere familiäre Vergangenheit stolz sein.

Da ja nun die Migrationsplanungen der UN aus dem Jahr 2000 Gestalt annehmen, die Medien aktiv daran arbeiten, dass alle das toll zu finden haben und die Wirtschaft sich über zukünftige Billiglohn Arbeiter freuen kann, wollen wir doch mal einen Blick auf einen ganz interessanten Hintergrund werfen.

Im Jahre 2011 gab es ein Treffen des World Economic Forum in Davos in der Schweiz. Dort ging es um die Globale Migration und die Vorteile, die die Wirtschaft dabei hat. Die Studien begannen also 2011 und das Ergebnis hieß dann 2013 ganz offen:

„Business Case of Migration“(1)

„Davon habe ich mal gehört. Aber nicht viel darüber nachgedacht. Es geht also wieder um die Möglichkeiten für die Wirtschaft Geschäfte durch Migration zu machen?“

Ja, denn dort wird beschrieben, dass Migranten zwar ganz unterschiedliche Ausbildungsstufen besitzen. Vom hochqualifizierten bis zum völlig unqualifizierten

Migranten. Angeblich jedoch sind alle, auf unterschiedliche Weise, Antreiber für wirtschaftliches Wachstum und die Entwicklung der Welt.

Weiterhin wird dort beschrieben, dass die Migranten ein riesiges Marktsegment bilden, wenn sie arbeiten. Das würde es nicht geben, wenn sie ohne nennenswerte Einnahmen zuhause bleiben. Arbeiten sie aber in Europa oder anderen wirtschaftlich erfolgreichen Ländern, verdienen sie genug Geld um zu konsumieren...

„...was ja für die Wirtschaft von größtem Interesse ist."

Genau. Es ist aber auch für die Wirtschaft in ihren Heimatländern gut, wenn sie Geld dorthin schicken und so ihre Familien ebenfalls mehr konsumieren. Diese Geldtransfers sind, nebenbei bemerkt, ein weiterer Riesenmarkt.

„Die Welt" veröffentlichte dazu am 10.12.18 einen Artikel:

„Doch ein Großteil der Rücküberweisungen wird über die drei großen Dienstleister Western Union, Moneygram und TransferWise abgewickelt, bei denen bis zu zehn Prozent Transaktionskosten anfallen.

Marktführer Western Union war auch an den Verhandlungen über den UN Migrationspakt beteiligt und dürfte sich besonders darüber freuen, dass ein Absatz in die Vereinbarung einging, der „Steuerbefreiungen oder -anreize in Bezug auf Rücküberweisungen" verlangt."

„Western Union nimmt bis zu 10% für die Überweisungen und war bei den Verhandlungen zum Migrationspakt dabei?"

Richtig. Es geht aber noch weiter mit den Geschäften. Bereits am 21. Februar 2008 erschien ein Artikel bei „Reuters" über „Nestlé" mit folgender Aussage:

„Neben der Konzentration auf neue, teure Produkte sieht sich Nestle auch durch den Ausbau der Märkte in den Slums der Entwicklungsländer weiter gegen hohe Rohstoffpreise und Konjunktur-Dellen gewappnet."(2)

„Wieder Schwellenländer. Dort wo man jetzt investieren sollte. So, wie Fischer und Albright es auch empfehlen. Dort, wo Soros und andere Global Player auch schon investiert haben."

Ganz genau. Der amerikanische und europäische Lebensmittelmarkt stagniert seit Jahren. Aber in den Slums hat Nestlé Mitarbeiter angeheuert, die dort von Tür zu Tür gehen und Nestlé Produkte verkaufen.

Der heutige Präsident des Verwaltungsrats von Nestlé, Paul Bulcke, war übrigens im Jahr 2011 einer der stellvertretenden Vorsitzenden des Weltwirtschaftsforums in Davos.

„Die Empfehlungen zum Umgang mit Migration fingen doch 2011 bei diesem Treffen an?“

Gut aufgepasst, beste Tochter. Zufälligerweise ist Nestlé auch der weltweit größte Produzent von Säuglingsnahrung. Ebenfalls ein in Europa und den USA eher rückläufiges Geschäft...

„Es sei denn, durch Zuwanderung von Menschen, die traditionell mehr Kinder bekommen, kommen hier wieder mehr Kinder zur Welt?“

Das ist nur eine Seite, es gibt eine Weitere...

Nestlé kaufte im Jahre 2012 die Babynahrungsproduktion vom Pharmakonzern Pfizer um sich die schnell wachsenden Märkte in den Schwellen- und Entwicklungsländern zu sichern. Nestlé gab für diese Übernahme fast neun Milliarden Euro aus. Interessant ist der Kommentar dazu:

Bulcke verwies auf die «geografische Präsenz» von Pfizer Nutrition:

85 Prozent des Umsatzes werde von den Amerikanern in den aufstrebenden Märkten erwirtschaftet, «viele davon mit einer großen, schnell wachsenden Bevölkerung»(2a)

„Sie haben also ein Jahr nachdem der Weltwirtschaftsgipfel in Davos tagte und den „Business Case of Migration“ in Auftrag gab rund neun Milliarden Euro investiert?“

Gut aufgepasst. Die Resultate des Gipfels folgten dann.

„Welche Resultate?“

Am 03.06.2018 erschien ein Artikel in der Zeitung WELT mit folgender Überschrift:

„Migranten überweisen fast 18 Milliarden Euro in Herkunftsländer."(3)

„Ich habe mich doch gerade verhört?"

Nein, durchaus nicht. Wenn Migranten, die vorher kein Geld hatten, aus Europa Geld an ihre Familien zuhause schicken, die ebenfalls kein Geld hatten, dann können sie dort mehr kaufen. Unter anderem auch Babynahrung. So schließt sich der Kreis.

„Die 18 Milliarden kamen also aus ganz Europa und gingen nach Afrika?"

Nein, nicht aus ganz Europa...

„Sondern?"

Nur aus Deutschland! Und das sind die Gelder von 2016. Gehe davon aus, dass es 2017 noch mehr war und jedes Jahr so weiter geht.

„Woher kommt das ganze Geld?"

Es sind zum größten Teil die Steuergelder der Deutschen und der anderen Europäer. Sie landen jetzt in Schwellenländern.

„Der Plan geht also auf und die Cowboys von UN und IOM treiben ihn mit voran?"

Cowboys klingt gut. Die Menschen werden wie eine Herde gezielt geleitet. Der Plan wurde sicher nicht von Politikern sondern von echten Finanzprofis entwickelt.

Zu diesem Thema gab es eine Anfrage an unsere Bundesregierung. Es ging darum, wohin die Gelder der Migranten fließen.

Hier ist die Antwort unserer Politiker, die einen Eid „Zum Wohl des deutschen Volkes“ geleistet haben:

„Die Bundesregierung wertet die Rücküberweisungen in ihrer Antwort als „entwicklungsfördernd“. Die Gelder kommen direkt vor Ort an, wo sie gebraucht werden: Sie ermöglichen es, Lebensmittel und Kleidung zu kaufen und im Krankheitsfall den Arztbesuch und Medikamente zu bezahlen. Familien können es sich dank der finanziellen Unterstützung leisten, ihre Kinder zur Schule zu schicken. Manchmal reicht das Geld sogar aus, um ein kleines Geschäft aufzubauen.“ (3)

„Kein Wort darüber, dass Staaten sich auch selbst gestalten können.“

Genau. Nehmen wir, zum Beispiel, Vietnam. Das Land hat sich nach dem Krieg mühselig nach oben gearbeitet. 1986 wurde beschlossen, die Marktwirtschaft zuzulassen und die erfolglose Planwirtschaft zu lockern. Es war viel zerstört und erst ab 1993 erhielt Vietnam Hilfe. Seitdem geht es den Menschen dort immer besser. Den entscheidenden Schritt haben aber die vietnamesischen Politiker gemacht, die sich aus den starren Krusten der kommunistischen Strukturen gelöst haben.

„Das wäre eine Aufgabe der Politiker in Afrika."

Stimmt, uns wird gedroht, dass Afrika Hilfe braucht und wir un nicht gegen die massive Zuwanderung wehren können, wenn wir nicht bereit sind Milliarden dort zu investieren und gleichzeitig massive Zuwanderung akzeptieren. Die Informationen darüber stammen alle aus den Medien.

Die Wahrheit ist, dass Afrika als Investmentziel von der Weltwirtschaft geradezu gefeiert wird und gigantische Gewinne in den nächsten Jahrzehnten erwartet werden.

Am 19. März 2018 schrieb das WORLD ECONOMIC FORUM voller Begeisterung:

„Since 2000, at least half of the world's fastest-growing economies have been in Africa. And by 2030, Africa will be home to

1.7 billion people, whose combined consumer and business spending will total $6.7 trillion.“ (3a)

Das basierte auf einem Harvard Business Report aus 2011. Übersetze das bitte mal.

„Mindestens die Hälfte der am schnellsten wachsenden Volkswirtschaften der Welt befindet sich seit 2000 in Afrika. Bis 2030 werden in Afrika 1,7 Milliarden Menschen leben, die zusammen 6,7 Billionen US-Dollar für Warenkonsum ausgeben werden.“

Weiter heißt es dort, dass in Afrika viele der größten Chancen der Welt liegen und Afrika ein enormes Geschäftspotential besitzt. Gleichzeitig wird bedauert, dass Afrika bis 2011 noch nicht an die Spitze der Agenda westlicher Wirtschaftsführer gestiegen ist.

„Das hat sich ja nach 2011 gründlich geändert.“

Und wie. Es wird in dem Bericht auch darauf hingewiesen, dass die westlichen Länder schnell an Boden gegenüber China verlieren.

Die Chinesen haben zum Beispiel zwischen 2005 und 2015 ihre Exporte nach Afrika um das Siebenfache gesteigert und dabei über 100 Milliarden Dollar Umsatz gemacht.

„Na, da will man doch dabei sein.“

Richtig. Es wird, voller Begeisterung, erwähnt, dass bis zum Jahr 2030 rund 43% der Afrikaner der Mittel- und Oberschicht angehören werden.

„Ich denke, es geht den Menschen dort so schlecht?“

Das dachte ich auch mein Leben lang. Sicherlich geht es vielen dort immer noch nicht gut Aber Afrika verändert sich gerade massiv .

Ich habe einen Bericht aus Australien gelesen.

In dem Bericht stand, dass es ein veraltetes Stereotyp ist, zu denken, dass alle Kinder in Afrika arm sind. Viele denken auch, dass Kinder in Afrika keinen Zugang zu moderner Technologie haben. Das sei falsch.

80% aller Afrikaner haben inzwischen ein Mobiltelefon, in Kenia sogar 90%. In Deutschland sind es nur 79%.

Weiter steht in dem Bericht:

„Weite Savannen, herumstreifende Giraffen und Menschen, die in winzigen Gemeinschaften traditioneller Häuser leben. Daran denken viele Menschen, wenn sie an Afrika denken.Es ist richtig, dass viele Menschen in afrikanischen Ländern in abgelegenen Gebieten leben und diese Menschen oft die höchste Armut haben, aber immer mehr Menschen leben in Städten und Großstädten.

Die Zahl der Stadtbewohner in Afrika hat sich zwischen 1995 und 2015 nahezu verdoppelt und wird sich voraussichtlich bis 2035 wieder verdoppeln. Sechs der zehn Länder mit den weltweit höchsten Verstädterungsraten im Jahr 2013 befanden sich in Afrika südlich der Sahara.“(3b)

„So etwas Positives habe ich noch nie über Afrika gehört. Wer hat das denn geschrieben?“

Das Kinderhilfswerk „ChildFund Australien“!

„Oh, das hätte ich jetzt nicht erwartet!“

Das Weltwirtschaftsforum schreibt auch ganz begeistert, dass der Verbrauch der privaten Haushalte in Afrika bis 2030 rund 2.5 Billionen Dollar erreichen kann.

Und jedes afrikanische Land wird eine gute Wahl für Unternehmen sein , die neue Märkte erobern wollen.

„Diese Informationen stammen aus 2011? Also genau in dem Jahr, in dem der „Business Case of Migration“ angeregt wurde?“

Gut erkannt. Ich bin stolz auf dich. Allerdings erschien bereits im Juni 2010 ein McKinsey Report über die fantastischen Chancen, in Afrika Geld zu verdienen.

„Today the rate of return on foreign investment in Africa is higher than in any other developing region.“ *(3c)*

Nirgendwo in den Schwellenländern könne man soviel Gewinn machen, wie in Afrika. Und Empfehlungen wurden natürlich auch gegeben:

„Early entry into African economies provides opportunities to create markets, establish brands, shape industry structures, influence customer preferences, and establish long-term relationships.“ (3c)

Der frühe Eintritt in afrikanische Volkswirtschaften bietet die Möglichkeiten:

1. Märkte zu schaffen
2. Marken zu etablieren
3. Branchenstrukturen zu formen
4. Kundenpräferenzen zu beeinflussen und
5. langfristige Beziehungen aufzubauen

Zum Schluss wurden sie in der Formulierung noch etwas romantisch:

„Business can help build the Africa of the future.“(3c)

Unternehmen können also helfen, das Afrika der Zukunft aufzubauen.

„Sehr romantisch. Diese Analyse war sicher den Teilnehmern in Davos 2011 bekannt.“

Da bin ich mir ganz sicher. Allen und speziell den Amerikanern geht es jetzt darum in Afrika Profite zu machen. In Konkurrenz zu den Chinesen, die schon jahrelang erfolgreich in Afrika investieren, weil sie das wirtschaftliche Potential dort viel früher erkannt haben.

Der ehemalige Präsident der USA, Barack Obama, startete dann 2012 eine Kampagne um amerikanische Investitionen in Afrika zu erleichtern.

„Ein Jahr nach dem Gipfel in Davos?"

Genau. Vier Jahre später war sein Plan aufgegangen.

„Im September 2016 war er Gastgeber des US Africa Business Forums in New York, wo er 9 Milliarden Dollar an privatem Handel und Investitionen mit Afrika ankündigte. Er sagte, US-Direktinvestitionen in afrikanischen Ländern seien während seiner Amtszeit um 70 Prozent gestiegen.

Ich denke, der Schlüssel zu seinem Vermächtnis ist, dass er Handel und Investitionen an die Spitze der politischen Agenda der USA und Afrikas gebracht hat, sagte Witney Schneidman, leitender internationaler Berater für Afrika bei Covington & Burling LLP und nicht ansässiger Fellow am Brookings Institution.

Wenn man das Ganze betrachtet, sagt es nicht nur, dass die USA Interesse in Afrika haben, in den Erfolg zu investieren", sagte er, sondern dass die USA Teil der entstehenden Dynamik auf dem Kontinent sein wollen Ich suche nach Unternehmen, um Arbeitsplätze zu schaffen, Chancen zu generieren, Wachstum zu generieren, Kompetenzen zu entwickeln, und das ist eine wirklich wichtige Dynamik."(4)

Diese 18 Milliarden Euro aus Deutschland, weitestgehend vom Steuerzahler finanziert, verteilen sich jetzt also in ganz Afrika. Hinzu kommen weitere, riesige Summen aus den Steuergeldern anderer europäischer Länder. Jahr für Jahr.

„So entstehen Umsätze, die nie möglich gewesen wären, wenn alles so geblieben wäre, wie es war."

Richtig. Wenn unsere Steuern für bessere Straßen, mehr Kitas, mehr Lehrer, mehr Pflegekräfte, höhere Renten usw. ausgegeben würden...

„...könnte das Leben der Menschen in Europa schöner werden und man hätte die jungen Spanier herholen können."

Dann hätten die Global Player der Wirtschaft aber nichts davon.

„Aber die Menschen in Europa hätten ein schöneres Leben."

Stimmt. So gehen diese Steuergelder aus Europa jetzt zu großen Teilen an die Unternehmen, die in Afrika investieren.

Die EU plant übrigens auch, jetzt endlich mit zumachen und will 40 Milliarden in Afrika investieren.(4a)

„Mir wird gerade schlecht, Papa."

Sorry, mein Kind. Sicher ist den wenigsten bekannt, wie viel Menschen in Afrika leben und wie deren Planungen sind. In Tansania leben rund 56 Millionen Menschen, in Südafrika sind es ungefähr 54 Millionen, in Kenia fast 47 Millionen und im Senegal ca. 15 Millionen.

Laut einer Umfrage planen nur aus diesen wenigen Ländern ganz konkret 110 Millionen Menschen nach Europa auszuwandern. Man bezeichnet diese demografische Entwicklung in Afrika als„tickende Zeitbombe".(5)

Und obwohl dies immer bekannter wird, arbeiten sogenannte NGO`s weiterhin im Eiltempo daran, dass immer mehr Menschen hierher kommen. Alles angeblich aus humanitären Gründen. Ich nehme ihnen sogar ab, dass sie es zum Teil selbst glauben. Sie sind eben auch nur manipuliert. NGO`s werden fleißig finanziert um die Transportwege mit Schiffen zu gewährleisten. Selbstverständlich können wir Flüchtlinge aus Kriegsgebieten aufnehmen. Aber können wir auch alle Zuwanderer aufnehmen, die ihre Heimatländer verlassen, weil sie dort zwar existieren können aber wenig Geld verdienen?

Wie human ist es jahrhundertealte europäische Kulturen zu überschwemmen und die Einwohner dieser Länder in zwei Generationen zur Minderheit zu machen? Ich gehe davon aus, dass wir in ca. 40 Jahren einen Anteil von rund 60% Migranten haben werden.

„Ist das das Experiment?“

Es ist jedenfalls ein zynischer Plan um Afrika schnell wirtschaftlich fit zu machen.

„Auf dem Rücken der Europäer? Wie lange soll das funktionieren?“

Nicht sehr lange. Nur 24 Millionen Deutsche arbeiten in Vollzeit. 15 Millionen mittlerweile in Teilzeit. Die Teilzeit-Arbeiter haben sich in den letzten 20 Jahren fast verdoppelt. Von ihnen sind also keine großen Abgaben für den Sozialstaat zu erwarten.

Im Wesentlichen tragen rund 15 Millionen gut verdienende Arbeitnehmer und kleine Unternehmen, die brav Steuern zahlen, die größten Lasten des Staates. Kleine Unternehmen gründen nicht mal eben so eine Niederlassung in Holland, eine in Irland und werben dann

EU Beamte ab um nur noch 0.5% Steuern zu zahlen...

Bei den Arbeitnehmern, die hohe Steuern zahlen, handelt es sich um gut qualifizierte Menschen. Sie gehen jetzt aber zunehmend in Rente. Bei weiteren Zuzügen bricht in wenigen Jahren der gesamte Sozialstaat zusammen.

Jetzt kommt noch der „Global Pact of Migration." In Zukunft sollen die Menschen weltweit wandern dürfen, einreisen wo sie wollen. Auch ohne Pässe. Die Staaten sollen zur Aufnahme verpflichtet werden und Kritiker an diesem Vorgehen sollen durch die Staaten bestraft werden. Das wurde bereits im Juni 2018 endgültig verhandelt.

„Die USA, die jetzt massiv in Afrika investieren, haben den Pakt aber nicht unterschrieben."

Stimmt. Unsere Regierung hatte übrigens immer behauptet, dass alle Verhandlungen über den Migrationspakt öffentlich zugänglich waren. Später musste das Auswärtige Amt aber zugeben, dass Teile der Verhandlungen doch nicht veröffentlicht wurden... (5a)

„Dann gibt es also wieder einmal Absprachen, von denen die Bürger nichts wissen sollen. Aber die Gehälter der Politiker und Beamten dürfen wir bezahlen."

So ist es. Die Dinge müssen im Geheimen und Dunklen getan werden...

„Jean-Claude Junckers Motto."

Zum Schluss noch eine letzte Analyse Afrikas durch die Weltbank:

„The continent has become the second most attractive investment destination in the world – ranking just behind North America." (6)

Dein Englisch ist ja sehr gut...also?

„Der Kontinent ist das zweit interessanteste Ziel für Investitionen. Direkt nach Nord-Amerika."

Diese Analyse erschien am 30. Juni 2015.

„Wenige Monate später wurden unsere Grenzen geöffnet..."

EPILOG

„Kein Vormarsch ist so schwer, wie der zurück zur Vernunft."

(Bertold Brecht)

„Aber was kann man ändern, Papa? Was kann ein Einzelner gegen diese riesige Macht der Global Player mit Lobbyisten und viel Einfluss auf die Politik ausrichten?“

1. Wähle niemanden, der nicht einen Beruf erlernt oder studiert hat.

2. Wähle niemanden, der nicht mehrere Jahre ganz normal gearbeitet hat und das Leben kennt.

3. Wähle niemanden, dem du zutrauen würdest, dass er seine Wähler verraten könnte.

4. Wähle niemanden, der nicht ernsthaft daran interessiert ist, dass es den Wählern besser geht.

5. Wähle niemanden, der ein Problem mit Volksabstimmungen hat.

6. Wähle niemanden, der Kontakte zu den genannten Clubs hatte oder hat.

7. Wähle niemanden, der gegen mehr Rechte, weniger Steuern, höhere Renten und mehr Freiheiten für seine Wähler ist.

8. Wähle niemanden, der die Europäische Union über die Interessen des eigenen Heimatlandes stellt.

9. Wähle nur Politiker, die zu einem vernünftigen, rechtskonformen Umgang mit ihren Bürgern und den Gesetzen in ihren Heimatländern zurückkehren wollen.

10. Wähle nur Politiker, die der Bürokratie in Brüssel ganz klare Grenzen aufweisen.

11. Und wähle nie einen Politiker, der schon einmal ein Wahlversprechen gebrochen hat.

Wie du weißt, bin ich sehr stolz auf dich. Als dein Vater möchte ich nichts anderes als eine ruhige Zukunft, in einem vernünftig regierten Land für dich und meine hoffentlich noch zahlreich kommenden Enkel und Urenkel.

Eine eigene Kultur ist für Menschen Gold wert. Rückhalt in schweren Zeiten findet jeder in der Familie, seiner Heimat und seinen Vorfahren.

Es ist sogar psychologisch bestätigt, dass Menschen eine intakte Heimat brauchen um sich geborgen zu fühlen. Als ich mit dem moslemischen Investor zusammen gearbeitet habe, hat er mir erzählt, dass viele Mitglieder seiner Familie unter Depressionen leiden weil sie Heimweh haben.

Nimmt man Menschen die Heimat oder verändert man die Heimat massiv, dann leiden sie darunter. In unserem Land ist der Begriff Heimat allerdings negativ besetzt.

„Irgendwie schon – warum?“

Vor dem zweiten Weltkrieg wurden die Deutschen von den Nazis manipuliert, danach übernahmen Amerikaner und Briten, sowie Sowjets und Franzosen die Medienkontrolle um das Gedankengut der Nazis aus den deutschen Köpfen wieder zu löschen. Dazu wurde ja, unter anderem, die bereits erwähnte Atlantik-Brücke gegründet.

Das begann bereits beim Lehrmaterial in der Grundschule und zieht sich durch unsere gesamte neuere Geschichte. Was empfinden viele Amerikaner und Briten bei Wörtern wie home, nation, national flag und national anthem.

„Sie haben Tränen der Rührung in den Augen und stehen bei ihrer Nationalhymne alle auf.“

Und was fühlst du bei Wörtern wie Heimat, Nation, Nationalflagge und Nationalhymne?

„Ehrlich gesagt...fühle ich mich etwas unwohl, wenn ich alles zusammen höre."

Das kann ich verstehen. So sind wir konditioniert. Das geschieht jeden Tag und wir werden dabei in jede gewünschte Richtung manipuliert. Alle–egal ob links oder rechts.

Diejenigen, die sich gegen solche Dinge wehren und sich kritisch äußern, als Rechte zu diffamieren ist eine billige Manipulationsmasche, die überall gut funktioniert.

Aber in Deutschland, 74 Jahre nach dem Krieg und einer, damals durchaus begründeten aber heute immer noch präsenten Gehirnwäsche der Bürger, funktioniert diese Masche am besten.

Über die Motive der Flüchtlinge wird hier ja auch oft geschrieben.

„Ja, sie werden verfolgt, stammen aus Kriegsgebieten, sind traumatisiert etc."

Richtig. Es geht sicher auch vielen so, dennoch haben die überwiegend jungen Männer auch ganz andere Motive hierher zu kommen.

„Ich habe mich sowieso gewundert, dass es fast 75% junge Männer sind, die kommen."

Es gibt ein aufschlussreiches Interview in der Zeitung „The AfricanCourier“ vom 03. Februar 2016. Dort wird der nigerianische Psychologe und Professor Idemudia befragt, warum so viele junge Afrikaner nach Europa wollen. Möchtest du seine Antwort wissen?

„Natürlich.“

„They believed that they had come to the promised land, where milk and honey flow and where money lies on the street. It sounds strange but that is the impression many young Africans seem to have had of life in Germany and other Western countries.“ (1)

„Sie glauben, dass sie ins gelobte Land kommen, wo Milch und Honig fließen und das Geld auf der Straße liegt?“

Richtig. Sie sind auch nur manipuliert. Am 03.08.2019 erschien ein Artikel in den Deutschen Wirtschaftsnachrichten mit folgender Überschrift:

„Massenflucht wird als Waffe gegen die Aufnahmeländer eingesetzt.“(2)

„Klingt wie eine rechte Verschwörungstheorie.“

So würde viele das sicher gern hinstellen wenn du oder ich das sagen. Das stammt aber von der Harvard-Forscherin Kelly Greenhill.

„Die weiß sicher genau, was sie sagt."

Ich denke schon, dass sie genau weiß, was sie sagt. Sie berät die Weltbank, das amerikanische Verteidigungsministerium und die UNHCR. Sie ist der Ansicht, dass die Flüchtlingsströme bewusst verursacht werden.

„Das hast du doch schon 2014 gesagt..."

Das wollte damals aber niemand hören. Kelly Greenhill geht also davon aus, dass die Flüchtlingsströme bewusst verursacht werden, um sie als „unkonventionelle Waffen" gegen die Aufnahmeländer einzusetzen und betrachtet die Flüchtlinge als Schachfiguren.

Genau so habe ich das immer gesehen. Die Weltwirtschaft agiert nur profitorientiert. Menschen sind egal-Umsatz geht über alles.

Aber niemand hat das Recht aufgrund seiner wirtschaftlichen Interessen mit Menschen Experimente zu veranstalten, Länder und Völker von oben herab steuern zu wollen und Bürger aller Kontinente für seinen Profit zu manipulieren.

Erinnerst du dich noch an den Spruch aus dem Film „Wall Street“? Dort sagte Michael Douglas als Investor Gordon Gekko:

„Es geht nur um Dollars, Kumpel. Der Rest ist belangloses Gequatsche."

Und? Was denkst du jetzt? Ist die EU gut für uns?

„So, wie jetzt? Im Interesse der Wirtschaft und der Banken?

Ohne Rücksicht auf das Glück der Menschen? Auf keinen Fall!

Das muss sich ändern. Und zwar dringend!“

Quellenangaben:

Quellen Prolog:

1. https://www.interrail.eu/de/interrailpaesse/global-pass?gclid=CjwKCAjw8LTmBRBCEiwAbhh-6LuSq5JXHCAoo8YoddJxK4r3w-S9yutCmvH5ang-1xcl1sg4KSsxTRoCJZIQAvD_BwE 15.05.19

2. https://www.zeit.de/2006/29/B-Logik-Interview 15.05.19

Quellen Kapitel 1

1. https://de.statista.com/statistik/daten/studie/155734/umfrage/wohneigentumsquoten-in-europa/ 15.05.19

Quellen Kapitel 2:

1. https://www.spiegel.de/wirtschaft/immobilien-in-deutschland-ein-volk-von-mietern-a-633636.html 04.05.19

2. https://de.statista.com/statistik/daten/studie/155734/umfrage/wohneigentumsquoten-in-europa/(04.05.19)

3. https://rentenbescheid24.de/die-neuen-rechengroessen-fuer-2019-sind-da/ 29.05.19

4. https://www.auswandern-handbuch.de/durchschnittsrente-deutschland/(04.05.19)

5. https://de.wikipedia.org/wiki/Standardrente 04.05.19

6. https://www.wiwo.de/finanzen/vorsorge/generation-z-offenen-auges-in-die-rentenluecke/24308554.html 09.05.19

7.
https://www.zeit.de/politik/deutschland/2019-05/steuereinnahmen-steuerschaetzung-grosse-koalition-grundrente-spd 09.05.19

8.
https://www.welt.de/wirtschaft/article163616533/Deutschland-ist-bei-Steuern-und-Abgaben-Weltspitze.html 09.05.19

9. https://www.spiegel.de/wirtschaft/soziales/steuerzahler-gedenktag-deutsche-arbeiten-erst-ab-19-juli-fuers-eigene-konto-a-1158513.html 15.05.19

10. https://www.oecd.org/germany/PAG2017-DEU-DE.pdf 15.05.19

11.
https://www.stern.de/wirtschaft/geld/vermoegensschock--die-deutschen-sind-die-armen-wuerstchen-der-eu-7780210.html 15.05.19

12. https://www.naanoo.com/technik/internet-geschwindigkeit-laender 15.05.19

13.
https://de.statista.com/statistik/daten/studie/201818/umfrage/buergschaften-der-euro-laender-beim-europaeischen-stabilitaetsmechanismus-esm/ 15.05.19

14.https://www.berliner-zeitung.de/wirtschaft/eu-zahlungen-15-wichtige-fakten-zur-griechen-land-hilfe-24103800 15.05.19

Quellen Kapitel 3

1. https://toni-hofreiter.de/trinkwasser-wird-immer-teurer/ 15.05.19

2.
https://www.welt.de/politik/ausland/article131157709/2050-muss-Afrika-zwei-Milliarden-ernaehren.html 15.05.19

3.
https://www.unric.org/de/pressemitteilungen/4637 15.05.19

4.
https://www.stuttgarter-zeitung.de/inhalt.syrische-fluechtlinge-un-kuerzen-essensrationen-fuer-syrer.3b381644-5436-4a53-b4eb-ee14033ce8b2.html 15.05.19

5.
https://www.zeit.de/politik/ausland/2014-10/welternaehrungsprogramm-kuerzungen-syrien 15.05.19

6. https://www.unhcr.org/dach/de/7750-mittelmeer-rekordzahl-von-fluechtlingen-und-migranten.html 16.05.19

7.
https://www.welt.de/wirtschaft/article175616647/Wir-brauchen-Rente-mit-70-oder-500-000-Zuwanderer-im-Jahr.html 15.05.19

8.

https://www.kika.de/checker-tobi/sendungen/sendung93000.html 15.05.19

9.
https://www.euronews.com/2018/11/30/people-stuck-in-bosnia-up-to-85-percent-are-economic-migrants 03.06.19

Quellen Kapitel 4

1.https://islamfatwa.de/soziale-angelegenheiten/87-verlobung-a-ehe/verlobung-a-eheschliessung/1479-bedingungen-fuer-die-gueltigkeit-einer-heirat 16.05.19

Quellen Kapitel 5

1. https://www.deutschlandfunk.de/stellenstreichungen-erneuter-kahlschlag-bei-vw.766.de.html?dram:article_id=443507 16.05.19

1a. https://www.faz.net/aktuell/beruf-chance/beruf/junge-spanier-in-deutschland-es-fehlen-die-sprache-die-freunde-und-mamas-essen-12866398.html 31.05.19

2. https://www.nzz.ch/meinung/kommentare/die-fluechtlingskosten-sind-ein-deutsches-tabuthema-ld.1316333 16.05.19

3. https://www.welt.de/politik/deutschland/article167936280/So-rasant-wird-Deutschland-zur-Migrationsgesellschaft.html 16.05.19

4.

https://www.youtube.com/watch?v=y9rVVYU-cS0

ab Minute 24:45 16.05.19

5. https://www.spiegel.de/spiegel/print/d-139000005.html 16.05.19

6. https://www.spiegel.de/spiegel/print/d-139000005.html 16.05.19

7. Hamburger Abendblatt am 10.11.2017

https://www.abendblatt.de/kultur-live/article212497625/Gut-gedacht-schlecht-gemacht.html 16.05.19

Quellen Kapitel 6:

1. http://csinvesting.org/wp-content/uploads/2015/05/Jay_Ritter_paper_14_August-Economic-Growth-and-Stock-Returns.pdf 10.05.19

(2) https://de.wikipedia.org/wiki/Wirtschafts-_und_Sozialrat_der_Vereinten_Nationen 10.05.19

(3) https://www.youtube.com/watch?v=f1XJ9v6iV4Q#t=4m30s 10.05.19

(4) https://www.diagnose-funk.org/publikationen/artikel/detail?newsid=982 10.05.19

Quellen Kapitel 7:

1.

https://www.bundeswehrkarriere.de/bw/neuer-inhalt/116026 10.05.19

2. https://www.lobbycontrol.de/schwerpunkt/lobbyismus-in-der-eu/ 10.05.19

3.https://diepresse.com/home/innenpolitik/643345/Wie-Strasser-auf-die-Sunday-Times-hereinfiel?direct=643321&_vl_backlink=/home/politik/innenpolitik/index.do&selChannel= 20.05.19

4. https://www.welt.de/wirtschaft/article161707714/Wieso-Bruesseler-Drehtueren-die-Korruption-beguenstigen.html 10.05.19

5. https://www.finanznachrichten.de/nachrichten-2019-01/45647168-alphabet-google-mutter-sparte-steuern-in-milliardenhoehe-090.htm 10.05.19

Quellen Kapitel 8:

1.

https://www.focus.de/finanzen/news/tid-24499/wirtschaft-zehn-jahre-teuro_aid_688299.html 15.05.19

2.

https://www.spiegel.de/wirtschaft/teuro-debatte-wie-boykott-hans-den-volksaufstand-inszenierte-a-196658.html 11.05.19

3.
https://deutsche-wirtschafts-nachrichten.de/2014/03/29/die-schande-von-europa-deutschland-beutet-seine-arbeiter-aus/ 11.05.19

4.

https://rp-online.de/wirtschaft/unternehmen/die-gewinne-der-top-unternehmen_bid-8806135

11.05.19

5.

https://www.trend.at/geld/firmengewinne-europa-prozent-profiteure-8192444 11.05.19

6.

https://webcache.googleusercontent.com/search?q=cache:FhpQV1v1SVQJ:https://www.tagesschau.de/wirtschaft/loehne-deutschland-armut-101.html+&cd=1&hl=de&ct=clnk&gl=de&client=firefox-b-d 11.05.19

7.
https://www.welt.de/wirtschaft/article172904272/Trotz-Brexit-Britische-Wirtschaft-staerker-als-erwartet.html 11.05.19

8.
https://www.zeit.de/wirtschaft/2019-03/konjunkturschwaeche-oecd-wirtschaftswachstum-prognose-bip

11.05.19

9.
http://www.voteleavetakecontrol.org/briefing_newdea
l.html 11.05.19

9a.

https://www.faz.net/aktuell/wirtschaft/deutschland-soll-15-milliarden-euro-mehr-fuer-die-eu-zahlen-15853088.html 11.05.19

10. https://www.merkur.de/politik/helmut-kohl-bei-euro-einfuehrung-diktator-zr-2846068.html

11.05.19

11.
https://deutsche-wirtschafts-nachrichten.de/2015/05/04/umfrage-die-deutschen-sind-mehrheitlich-euro-skeptiker/ 11.05.19

12.

https://www.stuttgarter-nachrichten.de/inhalt.us-militaer-in-osteuropa-die-us-praesenz-an-der-ostflanke-waechst.f5501125-83de-4b07-a5d8-8d4bba54d9ae.html 15.05.19

Quellen Kapitel 9

1.
https://www.lpb-bw.de/ursachen_krise_griechenland.html 13.05.19

2.
https://www.lpb-bw.de/ursachen_krise_griechenland.html 13.05.19

Quellen Kapitel 10

1.
https://endofeurope.files.wordpress.com/2016/09/bevoelkerung-austausch.pdf 13.05.19

2.
http://www.eu-info.de/eugh/EU-Recht-Nationales-Recht/ 13.05.19

3.
http://www.spiegel.de/spiegel/print/d-15317086.html 13.05.19

4.
FOCUS 19/2011, 9.5.2011 13.05.19

5.
auf einer Abendveranstaltung zur Euro-Krise in Brüssel im April 2011, zitiert nach spiegel.de 13.05.19

6.
https://www.presseportal.de/pm/6561/2873254 13.05.19

7.
https://www.icij.org/investigations/luxembourg-leaks/leaked-documents-expose-global-companies-secret-tax-deals-luxembourg/ 13.05.19

8.
https://deutsche-wirtschafts-nachrichten.de/2015/04/05/banken-rettung-kostet-deutsche-steuerzahler-236-milliarden-euro/ 13.05.19

9.

http://www.spiegel.de/wirtschaft/neue-studie-deutsche-sind-finanzielle-analphabeten-a-290856.html 13.05.19

10.
https://www.presseportal.de/pm/59133/3770754 13.05.19

11.
http://www.zeit.de/wirtschaft/2015-02/eurokrise-griechenland-eu-hilfen-grafik 13.05.19

12.
https://www.berliner-zeitung.de/24103800 13.05.19

13.
http://www.fr.de/wirtschaft/finanz-lobby-banken-lobby-beherrscht-bruessel-a-601960 13.05.19

14.
https://de.wikipedia.org/wiki/Europ%C3%A4ische_Finanzstabilisierungsfazilit%C3%A4t 13.05.19

(15) https://de.wikipedia.org/wiki/Europ%C3%A4ische_Finanzstabilisierungsfazilit%C3%A4t 13.05.19

(16) https://www.youtube.com/watch?v=1tXxLgO13S0 15.05.19

17. https://de.wikipedia.org/wiki/Europ%C3%A4ische_Finanzstabilisierungsfazilit%C3%A4t 13.05.19

18. https://de.wikipedia.org/wiki/Europ%C3%A4ische_Finanzstabilisierungsfazilit%C3%A4t 13.05.19

18a. https://www.youtube.com/watch?v=AaKB79tWhDU&t=46m38s 28.05.19

19. https://de.wikipedia.org/wiki/Europ%C3%A4ischer_Stabilit%C3%A4tsmechanismus 14.05.19

20. https://de.wikipedia.org/wiki/Jean-Claude_Trichet 14.05.19

21. https://de.wikipedia.org/wiki/Mario_Draghi 14.05.19

22. http://www.spiegel.de/wirtschaft/soziales/europaeische-union-transparency-international-untersucht-korruption-in-bruessel-a-1132514.html 14.05.19

23. http://www.spiegel.de/wirtschaft/soziales/europaeische-union-transparency-international-untersucht-korruption-in-bruessel-a-1132514.html 14.05.19

24.https://www.wiwo.de/politik/ausland/christine-lagarde-das-neue-gesicht-des-iwf-seite-2/5302048-2.html 15.08.19

Quellen Kapitel 11

1. https://www.welt.de/politik/deutschland/article169151476/Schroeder-bekommt-Rosneft-Gehalt-und-noch-einiges-vom-Steuerzahler.html 25.05.19

2. https://lobbypedia.de/wiki/Gerhard_Schr%C3%B6der 25.05.19

2a. https://www.weser-kurier.de/schlagzeilen_artikel,-roettgen-attackiert-schroeder-wegen-rosneftengagement-_arid,1652813.html
15.08.19

3. https://de.wikipedia.org/wiki/Norbert_R%C3%B6ttgen 25.05.19

4. https://www.manager-magazin.de/unternehmen/personalien/friedrich-merz-wird-lobbyist-des-investmentriesen-blackrock-a-1082798.html 25.05.19

5. https://de.wikipedia.org/wiki/Friedrich_Merz 25.05.19

5a. https://www.bloomberg.com/news/articles/2016-12-13/soros-backed-leapfrog-raising-800-million-for-africa-purchases 04.06.19

6. https://www.albrightstonebridge.com/team/joschka-fischer 28.05.19

7. https://de.wikipedia.org/wiki/Madeleine_Albright 28.05.19

8. http://www.albrightstonebridge.com/ 28.05.19

9. https://www.investegate.co.uk/articlePrint.aspx?id=200906251200000N6509 28.05.19

10. https://de.wikipedia.org/wiki/Albright_Stonebridge_Group

11. https://www.investafricaus.org/ 28.05.19

Quellen Kapitel 12

1. https://de.wikipedia.org/wiki/Bilderberg-Konferenz 14.05.19

2. https://de.wikipedia.org/wiki/Bilderberg-Konferenz 14.05.19

3. https://de.wikipedia.org/wiki/Bilderberg-Konferenz 14.05.19

4. https://de.wikipedia.org/wiki/Trilaterale_Kommission 14.05.19

5. https://de.wikipedia.org/wiki/Trilaterale_Kommission 14.05.19

6. https://de.wikipedia.org/wiki/Trilaterale_Kommission 14.05.19

7. https://de.wikipedia.org/wiki/Die_einzige_Weltmacht:_Amerikas_Strategie_der_Vorherrschaft 14.05.19

8. https://de.wikipedia.org/wiki/Group_of_Thirty 28.05.19

9. https://www.spiegel.de/spiegel/print/d-41389590.html 28.05.19

10. https://www.youtube.com/watch?v=gcj8xN2UDKc 28.05.19

11. https://www.deutschlandfunk.de/re-feudalisierung-und-privatisierung-der-macht.724.de.html?dram:article_id=99848 31.05.2019

Quellen Kapitel 13

1. https://www.weforum.org/reports/business-case-migration

2. https://de.reuters.com/article/schweiz-firmen-nestle-zf-idDEBUC14494320080221 31.05.19

2a.
https://www.n-tv.de/wirtschaft/Nestle-setzt-voll-auf-Babybrei-article6087231.html
15.08.19

3.
https://www.welt.de/politik/deutschland/article178507882/Geldtransfers-Migranten-ueberweisen-Milliarden-nach-Hause.html 31.05.19

3a.
https://www.weforum.org/agenda/2018/03/capturing-africa-s-high-returns 04.06.19

Übersetzung des Autors aus folgenden englischen Originalen:

„Seven years ago, the Harvard Business Review pointed out that Africa is also home to many of the world's biggest opportunities. And yet, despite its tremendous business potential, Africa has not risen to the top of Western business leaders' agendas." (3a)

3b.
Vom Autor aus dem Englischen übersetzt.

https://www.childfund.org.au/stories/change-way-think-poor-kids-africa/ vom 20.02.1

3c.
https://www.mckinsey.com/featured-insights/middle-east-and-africa/lions-on-the-move 05.06.19

4. https://www.voanews.com/a/trade-africa-us-playing-catchup/3676351.html 31.05.19

4a. https://www.dw.com/en/eu-investment-in-africa-europe-racing-to-catch-up/a-45500068 04.06.19

5. https://www.tagesstimme.com/2018/03/23/migration-millionen-afrikaner-koennten-nach-europa-stroemen/ 31.05.19

6. https://www.tagesspiegel.de/politik/geheime-besprechungen-beim-un-migrationspakt-auswaertiges-amt-raeumt-nichtoeffentliche-sitzungen-ein/24354780.html 31.05.19

7. https://www.cfr.org/blog/trumps-africa-strategy-creates-us-business-opportunities-africa 31.05.19

Quelle Epilog

1. https://www.theafricancourier.de/africa/why-african-youths-are-obsessed-with-europe/ 06.05.19

2. https://deutsche-wirtschafts-nachrichten.de/2019/08/03/us-politologin-massenflucht-wird-als-waffe-gegen-aufnahmelaender-eingesetzt/ 15.08.19